CATALOGUE
INVENTAIRE

Dressé

pour la VENTE aux enchères publiques

PAR SUITE DE CESSION DE BIENS

de la Maison de commerce CHAILLOU de Paris,

ÉDITEUR ET MARCHAND D'ESTAMPES,

Rue Saint-Honoré, 140.

1838.

CATALOGUE
DES PLANCHES GRAVÉES,
PIERRES LITHOGRAPHIQUES
DESSINÉES,
GRAVURES, LITHOGRAPHIES,
Meubles et Ustensiles
qui composaient le fonds et l'assortiment
de la maison CHAILLOU,

DONT LA VENTE AUX ENCHÈRES SE FERA PAR SUITE DE CESSION DE BIENS
le 2 avril 1838 et jours suivants,
A 7 HEURES PRÉCISES DU SOIR,

RUE SAINT-HONORÉ, 140.

Par le ministère de Me BONNEFONS DE LAVIALE,
commissaire-priseur, rue Choiseul, 11.
et de Me DUCROCQ, son confrère,
rue des Bons-Enfants, 28.
Assisté de M. PLANAT, peintre et expert,
rue Grenelle-Saint-Honoré, 14.

EXPOSITION PUBLIQUE
le dimanche 1er avril 1838, de midi à 5 heures,
et chaque jour de la vente de midi à 3 heures.

PARIS,
IMPRIMERIE DE POUSSIELGUE,
rue du Croissant-Montmartre, 12.

1838

ORDRE DE LA VENTE.

Le lundi 2 avril, Ire vacation.

Toutes les Estampes encadrées, les 65 bordures dorées et les 10 passe-partout.

Le mardi 3 avril, IIe vacation.

Toutes les Pierres lithographiques et leurs épreuves.

Le mercredi 4 avril, IIIe vacation.

Toutes les Planches gravées et leurs épreuves.

Le jeudi 5 avril et jours suivants.

D'abord toutes les Gravures en feuille; puis toutes les Lithographies en feuilles; ensuite les ouvrages en recueil, et enfin les meubles et ustensiles.

EXPOSITION.

Le dimanche 1er avril, de midi à 5 heures, seront exposées les Estampes encadrées, les Pierres dessinées avec leurs tirages et les Planches gravées avec leurs tirages, et les Épreuves imprimées et signées par MM. Durand et Sauvé, pour constater l'état desdites Planches.

Les Gravures et Lithographies en feuilles ainsi que les ouvrages en recueil, et tout le reste, seront exposés au fur et à mesure, chaque jour de la vente, de midi à 5 heures.

CATALOGUE

DES PLANCHES GRAVÉES,

PIERRES LITHOGRAPHIQUES

DESSINÉES,

ET DES ESTAMPES DE FONDS ET D'ASSORTIMENT QUI COMPOSAIENT LA MAISON CHAILLOU.

PLANCHES GRAVÉES.

1. — MOLIÈRE LISANT SON TARTUFE, gravé par Anselin, d'après Monsiau. 7 épreuves avec la lettre, plus la planche gravée au trait des portraits de cette composition.

2 — HIPPOCRATE REFUSANT LES PRÉSENTS D'ARTAXERCE, gravée par Raph. U. Massard d'après Girodet. 45 ép. avec la lettre.

3 — LA MORT DE SOCRATE, gravée par Jean Massard d'après David. 14 ép. avec la lettre.

4 — LE CHIEN DU RÉGIMENT, gravé par Lecomte d'après Horace Vernet. 7 ép. avant la lettre sur papier blanc, et 23 avec la lettre, dont 3 anciennes. Total 30.

—LE CHEVAL DU TROMPETTE, pendant de la précédente, gravée par Johannot d'après H. Vernet. 2 ép. avant la lettre sur papier blanc, et 17 avec la lettre. Ces deux planches seront vendues ensemble.

5 — Les bergers d'Arcadie, gravée par Blot d'après Poussin. 27 ép. avant la lettre. 20 avec la lettre grise et 38 avec la lettre ordinaire. Total 85.

6 — La danse des muses, gravée par R. U. Massard d'après Jules Romain. 25 ép. avec la lettre.

7 — Homère, gravée par R. U. Massard d'après Gérard, 3 ép. sur Chine avec la lettre, et 18 avec la lettre sur papier blanc.

8 Héro et Léandre, gravée par Laugier d'après Delorme, 16 ép. avec la lettre.

— La mort de Léandre, pendant de la précédente planche, par et d'après les mêmes artistes, 11 ép. avant la lettre papier de Chine. 1 avant la lettre papier blanc, et 70 avec la lettre. Total 82.

9 — L'Assomption, gravée par Laugier d'après Poussin. 4 ép. avant la lettre sur Chine, 22 avant la lettre papier blanc, et 19 avec la lettre. Total 45.

10 — La leçon de basse de viole, gravée par Vibert d'après Gaspard Nestcher. 8 ép. avant la lettre, et 82 avec la lettre. Total 90.

11 — Sainte Cécile, gravée par R. U. Massard d'après Raphael. 21 ep. avant la lettre sur papier blanc, 104 avant la dédicace et 11 avec la dédicace. Total 136.

12 — La madonne du palais colonne, planche inédite, gravée par Eugène Bourgeois d'après Raphael.

13 — Saint Jean, gravée par Pelée d'après le Dominiquin. 22 ép. avant la lettre, et 197 avec la lettre. Total 219,

14 — Romulus, tête d'étude, gravée par Noel Bertrand d'après David. 31 ép.

15 — Léonidas, tête d'étude, gravée par N. Bertrand d'après David. 21 ép.

16 — Vénus, tête d'étude, gravée par N. Bertrand d'après David. 35 ép. lettre grise, et 188 lettre ordinaire. Total 223.

17 — Tatius, tête d'étude, gravée par N. Bertrand d'après David. 1 ép. lettre grise, et 7 lettre ordinaire.

18 — Hersilie, tête d'étude, gravée par N Bertrand d'après David. 2 ép. lettre grise, 28 lettre ordinaire.

19 — Une sabine, tête d'étude, gravée par N. Bertrand d'après David. 20 ép.

20 — Étude d'enfant, gravée par N. Bertrand d'après David. 6 ép. lettre grise, 3, lettre ordinaire.

21 — Deux enfants, étude, gravée par N. Bertrand d'après David. 1 ép. lettre grise, 16, lettre ordinaire.

22 — Jeune écuyer, tête d'étude, gravée par N. Bertrand d'après David. 6 ép. lettre grise, et 14 lettre ordinaire.

23 — Tête de vieille femme, étude, gravée par N. Bertrand d'après David. 6 ép. lettre grise, et 6 lettre ordinaire.

24 — Mars, tête d'étude, gravée par N. Bertrand d'après David. 44 ép. lettre grise, 103 lettre ordinaire. Total 147.

25 — Les jeunes Spartiates, têtes d'étude, gravée par N. Bertrand d'après David. 37 ép. lettre grise, et 145 lettre ordinaire. Total 182.

26 — Etude de femme (tête), gravée par N. Bertrand d'après David. 6 ép. lettre grise, 4 lettre ordinaire.

27 — Ecuyer et tête de cheval, étude, gravée par N. Bertrand d'après David. 6 ép. lettre grise et 14 lettre ordinaire.

28 — Femme et enfant, têtes d'étude, gravée par N. Bertrand d'après David. 5 ép. lettre grise, et 13 lettre ordinaire.

29 — Etude de mains, gravée par N. Bertrand d'après David. 4 ép. lettre grise, et 7 lettre ordinaire.

30 — Madame de Stael, portrait gravé par Laugier d'après Gérard. 25 ép.

31 — Henri IV, portrait gravé par Audoin d'après

us. 26 ép. avant la lettre, et 14 avec la lettre Total 40.

32 — Louis XVIII, portrait gravé par Audoin d'après A. Valois. 6 ép. avant la lettre, et 25 avec la lettre. Total 31.

33 — Charles X, portrait gravé par Audoin d'après Saint. 3 ép. avant la lettre, et 17 avec la lettre.

34 — Le dauphin, la dauphine, deux portraits faisant pendants, gravés par Audoin d'après Bralle et F. Dumont. 83 ép. avant la lettre, et 22 avec la lettre. Total 105.

35 — Le duc de Berry. La duchesse de Berry, deux portraits faisant pendants, gravés par Audoin d'après Augustin et Hesse. 22 ép. avant la lettre et 25 avec la lettre. Total 47.

36 — La duchesse de Berry, portrait dessiné et gravé par Gudin. Point de tirage.

37 — Chateaubriant, portrait gravé par Laugier d'après Girodet. In-folio, 45 ép.

38 — Chateaubriant, portrait gravé par Laugier d'après Girodet. In-quarto, 22 ép.

39 — Portal, portrait gravé par Jules Boilly d'après Alphonse Boilly. 17 ép. avant la lettre sur Chine, 8 avant la lettre papier blanc, et 20 avec la lettre. Total 45.

40 — Louis David, portrait gravé par Eugène Bourgeois d'après Rouget. Point de tirage.

41 — Louis David, portrait gravé par Potrelle d'après Navez. 7 ép. avant la lettre, et 16 avec la lettre. Total 23.

42 — Charles Lebrun, portrait gravé par Potrelle d'après Ch. Lebrun. 12 ép.

43 — Philippe de Champagne, portrait gravé par Oleszozinski d'après Philippe de Champagne. 28 ép. avant la lettre et 45 avec la lettre. Total 73.

44 — RUBENS, portrait gravé par Eliza Maréchal d'après Rubens. 11 ép.

45 — POUSSIN, portrait gravé par Potrelle d'après Poussin. 14 ép. avant la lettre, et 4 avec la lettre.

46 — TINTORET, portrait gravé par Delaistre d'après Tintoret. 17 ép. avant la lettre, et 22 avec la lettre. Total 39.

47 — RAPHAEL, portrait gravé par Potrelle d'après Raphael. 3 ép. avant la lettre et 12 avec la lettre.

48 — MICHEL-ANGE, portrait gravé par Potrelle d'après Michel-Ange. 141 ép. avant la lettre, et 1 avec la let.

49 — JULES ROMAIN, portrait gravé par Potrelle d'après J. Romain. 5 ép. avant la lettre, et 16 avec la lettre.

50 — LES SIX AMOURS, 6 planches faisant suite, représentant chacune un Amour avec les titres suivants : *Le Départ, l'Arrivée, l'Attaque, le Succès, le Regret, le Repos*, gravés par Potrelle d'après Gérard. 178 ép. avant la lettre, 5 avec la lettre et 19 en couleur. Total 202.

51 — PIE VII, portrait gravé par Mme Mongez d'après David. Point de tirage.

52 — MAITRESSE D'ÉCOLE, gravé par Oleszozinski, d'après Dietrick. 8 ép. avant la lettre.

53 — L'AMOUR ET PSYCHÉ, gravé par Potrelle d'après David. Planche biffée.

PIERRES LITHOGAPHIQUES

DESSINÉES.

54 — L'AVEUGLE. LE TILBURY. Deux sujets faisant pendants, par Mlle Hubert d'après Roëhn. 31 ép. en noir, 8 en couleur. Total 39.

2 pierres de 20 sur 16.

55 — MARGUERITE DE NAVARRE ÉCRIVANT SES MÉMOIRES, par Mlle Hubert d'après Dumoulin. 4 ép. papier blanc, 27 sur Chine, et 4 en couleur. Total 35.

— CHARLES VII ET AGNÈS SOREL, pendant du sujet précédent, par Mlle Hubert d'après Mme Delile. 51 ép. papier blanc, 23 sur Chine, et 4 en couleur. Total 78.

2 pierres de 18 sur 15.

56 — LOUIS PHILIPPE, portrait par Grevedon. 7 ép. papier blanc, 7 sur Chine, 4 en couleur, Total 18.

— MARIE-AMÉLIE, reine des Français, portrait par Grevedon faisant pendant au précédent. 10 ép. papier blanc, 6 sur Chine, 2 en couleur. Total 18

2 pierres de 15 sur 12.

57 — LA FAMILLE ROYALE, 11 portraits sur la même feuille, par Julien d'après Maurin. 51 ép. papier blanc.

1 pierre de 15 sur 12.

58 — LA PRINCESSE MARIE, LA PRINCESSE LOUISE, LA PRINCESSE CLÉMENTINE, LE DUC DE NEMOURS, portraits par Maurin. En tout 217 ép. sur papier blanc ou sur Chine.

4 pierres de 15 sur 10.

59 — 15 TÊTES D'ETUDE, par Chatillon d'après la Cène de Léonard de Vinci. 1086 ép. assorties.

14 pierres de 20 sur 16, dont une pour la couverture du cahier.

60 — ETUDES ACADÉMIQUES, par Chatillon. 667 ép. assorties.

6 pierres de 22 sur 18.

61 — LES VIERGES DE RAPHAEL, têtes d'étude, par Chatillon. 150 ép. papier blanc, 138 sur Chine, 21 en couleur. Total 309.

7 pierres de 15 sur 12, dont une pour la couverture du cahier.

62 — TÊTES D'ÉTUDE POUR LE DESSIN par Chatillon. 204 ép.

7 pierres de 16 sur 12, dont une pour la couverture du cahier.

63 — Les sept Sacrements, par Villemain. 464 ép. papier blanc, 345 sur Chine, 30 en couleur. Total 839.

8 pierres de 15 sur 12, dont une pour la couverture du cahier.

64 — Le Christ et les douze apotres, par Papin d'après Raphael. 2922 ép. en noir, 283 en couleur. Total 3205.

14 pierres de 15 sur 10 dont une pour la couverture du cahier.

65 — Cours élémentaire et progressif de dessin, par Chatillon. 2030 ép. assorties.

61 pierres de 16 sur 12, dont une pour la couverture du cahier.

66 — Divers sujets de femme, par Robillard. 419 ép. en noir, 80 en couleur. Total 499.

8 pierres de 15 sur 10

67 — Les sciences et les arts professés par les belles, par Levasseur. 905 ép. en noir, 174 en couleur. Total 1079.

9 pierres de 12 sur 9, dont une pour la couverture du cahier.

68 — Le muletier catalan. Le contrebandier des Pyrénées. Deux sujets faisant pendants, par Lyanta. 12 ép. en noir, 4 en couleur. Total 16.

2 pierres de 15 sur 12.

69 — L'ane portant des reliques. Le petit savoyard ruiné. Le petit marchand et les voleurs. La laitière des environs de Paris. Quatre sujets faisant suite, par Mlle Hubert. 115 ép. papier blanc, 35 sur Chine. 14 en couleur. Total 164.

4 pierres de 15 sur 12.

70 — Le dey d'Alger, portrait par Dupré. Ab-del-Ka-

DER, portrait par Bardel. 57 ép. en noir, 2 en coul.

2 pierres de 13 sur 10.

71 — FANTAISIES, par Papin. 375 ép. en noir, 66 en couleur. Total 441.

7 pierres de 11 sur 8, dont une pour la couverture du cahier.

72 — HISTOIRE PITTORESQUE DU CAFÉ, par Devilly. 163 ép. en noir, 113 en couleur. Total 276, et 230 feuillets de texte.

7 pierres de 13 sur 10, dont une pour la couverture du cahier.

73 — ETUDES DE PLANTES, par Vitasse. 266 ép. assorties.

7 pierres de 16 sur 12, dont une pour la couverture du cahier.

74 — LES JOLIS PORTRAITS, par Léon Noel. 860 ép. en noir, 64 en couleur. Total 924.

13 pierres de 10 sur 8, dont une pour la couverture du cahier.

75 — DESSINS D'INTÉRIEURS, par Dorschevillers. 274 ép. papier blanc, 350 sur Chine, 75 en couleur. Total 699.

12 pierres de 15 sur 12.

76 — PETITS DESSINS, intérieurs et paysages, par Dorschevillers. 595 ép. assorties.

13 pierres de 13 sur 10, dont une pour la couverture du cahier.

77 — SIX INTÉRIEURS d'après Bouton, par Dorschevillers. 224 ép. assorties.

7 pierres de 13 sur 10, dont une pour la couverture du cahier.

78 — COURS PROGRESSIF D'ÉTUDE DE PAYSAGE, par Boisseau. 1403 ép. assorties.

61 pierres de 13 sur 10, dont une pour la couverture du cahier.

79 — VASES ANCIENS ET MODERNES, par Pecheux. 2327 ép. en noir, 1010 en couleur. Total 3337.

31 pierres de 13 sur 10, dont une pour la couverture du cahier.

80 — ORNEMENTS ET ARABESQUES depuis la renaissance, par Pecheux. 3115 ép. en noir, 1354 en couleur. Total 4469.

61 pierres de 13 sur 10, dont une pour la couverture du cahier.

81 — TROPHÉES ET ATTRIBUTS, par Pecheux. 2480 ép. en noir, 540 en couleur. Total 3020.

46 pierres de 13 sur 10, dont une pour la couverture du cahier.

82 — TROPHÉES MILITAIRES, par Pecheux. 485 ép. en noir, 155 en couleur. Total 640.

15 pierres de 13 sur 10.

83 — LES MILLE ET UN CROQUIS, par Lassalle. 3110 ép. en noir, 861 en couleur. Total 3971.

61 pierres de 10 sur 8, dont une pour la couverture du cahier.

84 — COSTUMES PITTORESQUES DE TOUS LES PAYS, par Lassalle. 2880 ép. en noir, 747 en couleur. Total 3627.

51 pierres de 10 sur 8, dont une pour la couverture du cahier.

85 — FRAGMENTS D'ORNEMENTS pour fabrique et décors. par Gautier. 395 ép. assorties.

16 pierres de 10 sur 8, dont une pour la couverture du cahier.

86 — BABIOLES CHINOISES, par Lassalle. 645 ép. en noir. 106 en couleur. Total 751.

11 pierres de 10 sur 8, dont une pour la couverture du cahier.

87 — CROQUIS CHINOIS, par Lassalle. 1083 ép. en noir, 365 en couleur. Total 1448.

25 pierres de 10 sur 8.

88 — VASES CHINOIS. par Lassalle. 428 ép. en noir, 120 en couleur. Total 548.

10 pierres de 10 sur 8.

89 — LA VOLIÈRE CHINOISE, par Lassalle. 490 ép. en noir, 135 en couleur. Total 625.

11 pierres de 10 sur 8. dont une pour la couverture du cahier.

90 — PROMENADES PITTORESQUES aux cimetières du Père Lachaise, de Montmartre, du Mont-Parnasse et autres, par Lassalle d'après Rousseau.

Ouvrage non terminé.

63 pierres de 10 sur 8.

5228 ép. papier blanc, 1750 sur Chine, 584 en couleur. Total 7562. Plus :

8, le premier volume papier blanc, cartonné.

2. le premier volume sur Chine, cartonné.

1, le premier volume en couleur, cartonné.

Et 13300 feuillets de texte avec lesquels on peut completter plus de 150 suites.

91 — BABIOLES CHEVALERESQUES, par Lassalle. 205 ép. en noir. 8 en couleur.

4 pierres de 10 sur 8.

92 — DESSINS DIVERS POUR DÉCORS, par Lassalle. 685 ép. en noir, 155 en couleur. Total 840.

11 pierres de 10 sur 8, dont une pour la couverture du cahier.

93 — ORNEMENTS D'ARCHITECTURE, par Moench. 1124 ép. assorties.

25 pierres de 15 sur 12, dont une pour la couverture du cahier.

94 — GALERIE DES CÉLÉBRITÉS, suite de portraits, par Maurin et autres. 6105 ép. en noir, 170 en couleur. Total 6275.

130 pierres de 10 sur 8.

95 — BABIOLES DES NATURALISTES, par Lassalle, 620 ép. en noir, 166 en couleur. Total 786.

16 pierres de 10 sur 8, dont une pour la couverture du cahier.

96 — RACCOLTA DI SCENI ARABESCHI, par Devilly. 1125 ép. en noir, 613 en couleur. Total 1738.

15 pierres de 12 sur 9.

97 — PORTEFEUILLE DE L'INDUSTRIEL, par Devilly. 3208 ép. en noir, 891 en couleur. Total 4099.

41 pierres de 12 sur 9, dont une pour la couverture du cahier.

98 — CALENDRIER-ALBUM, par Devilly. 1015 ép. en noir, 796 en couleur. Total 1811.

13 pierres de 12 sur 9, dont une pour la couverture dn cahier.

99 — ALPHABET DU MOYEN AGE, par Clauss. 585 ép. en noir, 110 en couleur. Total 695.

6 pierres de 13 sur 10, dont la première forme la couverture.

100 — ÉTUDES DE FLEURS, par Margry. 390 ép. assorties.

7 pierres, de 12 sur 9, dont une pour la couverture.

101 — ÉTUDES DE CHAPEAU, 86 ép.

1 pierre de 10 sur 8.

102 — CROQUIS HISTORIQUES, par Lassalle, 100 ép. en noir, 53 en couleur.

7 pierres de 10 sur 8.

103 — CROQUIS LITHOGRAPHIQUES, par Midy. 58 ép. en noir, 8 en couleur.

2 pierres de 16 sur 12.

104 — LES SIX AMOURS, d'après Gérard, par mademoiselle Bès. 60 ép. en noir, 11 en couleur.

1 pierre de 16 sur 12.

105 — FRAGMENTS HISTORIQUES DE LA CITADELLE DE BLAYE, par Vander Burch. 25 ép.
1 pierre de 12 sur 9.

106 — CROQUIS DE PAYSAGE, par Lemercier. 100 ép. en noir, 5 en couleur.
1 pierre de 15 sur 10.

107 — CROQUIS DE PAYSAGE, par Aubert. 10 ép.
2 pierres de 13 sur 10.

108 — CROQUIS LITHOGRAPHIQUES, par Jaime. 4 ép. en noir, 6 en couleur.
5 pierres de 16 sur 12.

109 — CROQUIS LITHOGRAPHIQUES, par Kaeppelin. 3 ép.
1 pierre de 16 sur 12.

110 — FRAGMENTS PITTORESQUES DE PAYSAGE, par Tirpenne. 21 ép. en couleur.
2 pierres de 16 sur 12.

111 — LA COURONNE DE BLUETS, LES PETITS PÊCHEURS DE DUNKERQUE. Deux sujets faisant pendants, par mademoiselle B***. 130 ép., pap. blanc, 12 sur Chine, 11 en couleur. Total 153.
2 pierres de 13 sur 10.

ESTAMPES ENCADRÉES.

112 — LE CHIEN DU RÉGIMENT, par Lecomte d'après H. Vernet, et son pendant : LE CHEVAL DU TROMPETTE, par Johannot d'après H. Vernet.

113 — LE CHAR DE L'AURORE, par Morghen d'après Le Guide et son pendant LE CHAR DE LA NUIT, par Volpato d'après Le Guerchin.

114 — ŒDIPE, d'après Giroust, par Morel, et son pendant BÉLISAIRE, d'après David, par Morel.

115 — MOLIÈRE LISANT SON TARTUFFE, par Anselin d'après Monsiau, et son pendant SOIRÉE CHEZ MADAME GEOFFRIN, par Dubucourt d'après Lemonier.

116 — LE SIÈCLE DE FRANÇOIS I, par Jazet d'après Lemonier, et son pendant HONNEURS RENDUS A RAPHAEL, par Sixdeniers d'après Bergeret.

117 — APPOLLON ET LES MUSES, par R. U. Massard d'après Jules Romain.

118 — S. VINCENT DE PAULE, par Baquoy d'après Monsiau. Lettre grise.

119 — FÉNELON, par Baquoy d'après Fragonard.

120 — S. VINCENT DE PAULE, par Prevost d'après Delaroche.

121 — LA JEUNESSE de VOLTAIRE, par Blanchard d'après Steuben, et son pendant LA JEUNESSE DE ROUSSEAU, par Lefèvre d'après Steuben.

122 — LA LEÇON DE BASSE DE VIOLE, d'après Netscher, par Véber.

123 — L'INNNOCENCE, par Bervic d'après Mérimée.

124 — LES NYMPHES AU BAIN, par Desnoyers d'après Lethiers.

125 — LE CONVOI D'ATALA, par Lignon d'après Gautherot.

126 — RUTH ET BOOZ, par Tardieu d'après Hersent. Sur Chine, avec la lettre.

127 — LA VIERGE AUX ROCHERS, par Desnoyers d'après Léonard de Vinci.

128 — ENDYMION, par Chatillon d'après Girodet.

129 — ELIÉZER ET RÉBECCA, par Desnoyer d'après Poussin.

130 — LOUIS-PHILIPPE en pied, par Lignon d'après Dupré.

131 — LAFAYETTE en pied, par Leroux d'après Scheffer.

132 — CLYTIE, par Potrelle d'après Mlle Sambat, et son pendant LE SOMMEIL, par Romanet d'après Le Titien.

133 — L'ENLÈVEMENT DES SABINES, par Girardet d'après Poussin. Avant la lettre.

134 — LES CINQ SAINTS, par Richomme d'après Raphael, Avant la lettre.

135 — LE CHAR DE L'AURORE, par Morghen. d'ap. Le Guide.

136 — LES RIVAUX, LES RIVALES, deux lithog. faisant pendants, par Léon Noël d'après Destouche.

137 — PHÈDRE ET HIPPOLYTE, par Desnoyer d'après Guérin. Avant la lettre.

138 — LE FLEUVE SCAMANDRE, lithog., par Garnier d'après Lancrenon, sur Chine. Avec la lettre.

139 — SAINTE CÉCILE, par R. U. Massard d'après Raphaël.

140 — SAINT MICHEL, par Chatillon d'après Raphaël.

141 — THÉTIS PORTANT L'ARMURE D'ACHILLE, par Richomme d'après Gérard, et son pendant, LE TRIOMPHE DE GALATÉE, par Richomme d'après Raphaël.

142 — BÉLISAIRE, par Desnoyers d'après Gérard. Ancienne épreuve

143 — HOMÈRE, par R. U. Massard d'après Gérard.

144 — LA MORT DE SOCRATE, par Jean Massard d'après David, et son pendant HIPPOCRATE, par Raph. U. Massard d'après Girodet.

145 — DIDON ET ÉNÉE, par Forster d'après Guérin, et son pendant ANDROMAQUE, par Richomme d'après Guérin.

146 — LES TROIS AGES, par Morghen d'après Gérard, et son pendant LES BERGERS D'ARCADIE, par Blot d après Poussin.

147 — PORTRAIT DE HENRI IV, par Audoin d'après Porbus.

148 — PORTRAIT DE Mlle MARS, par Lignon d'après Gérard.

149 — L'ASSOMPTION, par Laugier d'après Poussin.

150 — ADAM ET ÈVE, par Richomme d'après Raphaël, et son

pendant, NEPTUNE ET AMPHITRITE, par Richomme d'après Jules Romain.

151 — LÉDA, par Leroux d'après Léonard de Vinci.

152 — HÉRO ET LÉANDRE et son pendant, LA MORT DE LÉANDRE, tous deux par Laugier d'après Delorme.

153 — DAPHNIS ET CHLOÉ, par Gelée d'après Hersent.

154 — LA LEÇON DE FLUTE, par Blanchard d'après Albrier. Avant la lettre.

155 — LE ROI. LA REINE, deux portraits faisant pendants. Lithog. par Crevedon.

156 — LES SIX AMOURS, suite de six gravures, par Potrelle d'après Gérard.

157 — LE TRIOMPHE DE GALATÉE, par Richomme d'après Raphaël. Ancienne épreuve.

158 — L'ENTRÉE DE HENRI IV, par Toschi d'après Gérard. Avant la lettre, avec toute sa marge.

159 LA VIERGE DE LA MAISON D'ALBE, par Desnoyer, d'après Raphaël. Avec la lettre sur Chine.

160 — LA COMMUNION DE SAINT JÉROME, par Tardieu d'après Le Dominicain. Avant la lettre.

161 — LA COMMUNION DE SAINT JÉROME, par Henri Laurent d'après Le Dominicain. Avant la lettre.

162 — LA TRANSFIGURATION, par Ant. Morghen d'après Raphaël.

163 — LE SPASSIMO, par Toschi d'après Raphaël. Épreuve de souscription.

164 — LA DESCENTE DE CROIX, par Classens d'après Rubens. Ancienne épreuve.

165 — LE ZÉPHIR, par Laugier d'après Prudhon.

167 — REBECCA A LA FONTAINE, JUDITH ET HOLOFERNE, deux sujets faisant pendants, par Jazet d'après H. Vernet.

168 — ATALA, par Raph. U. Massard d'après Girodet.

169 — ARIANNE, ÉRIGONE, deux lithog. faisant pendants,

par Aubry le Comte d'après Girodet. Avant la lettre.

170 — Portrait de Mlle Mars. Lithog. par Grevedon d'après Gérard.

171 — La Piété filiale, par Masquelier d'après Wicar.

172 — Parce sumnum rumpere, par Raph. Morghen, d'après Le Titien.

173 — Richelieu, Mazarin, deux sujets faisant pendants, par Girard d'après Paul de Laroche.

174 — La Danse des Muses, par R. U. Massard d'après Jules Romain.

175 — Homère, par R. U. Massard d'après Gérard. Avant la lettre.

176 — Bélisaire, par Desnoyer d'après Gérard. Anoienne épreuve.

177 — Les Muses et les Piérides, par Desnoyer d'après Périno del Vaga. Sur Chine avec la lettre.

178 — Œdipe, par Morel d'après Giroust. Bélisaire, par Morel d'après David. Deux sujets faisant pendants, tous deux avant la lettre.

179 — Hippocrate, par Raph. U. Massard d'après Girodet. Socrate, par Jean Massard d'après David, tous deux avant la lettre.

180 — La Lecture du testament, par John Burnet d'après David Wilkie.

181 La Déclaration de l'indépendance américaine, par Durand, d'après John Trumbull.

182 La Maladie de Las Casas, par Pierre Adam d'après Hersent. Avant la lettre.

183 — Le Chien du régiment, par Lecomte d'après H. Vernet. Avant la lettre.

184 — Les Sabines, par R. U. Massard d'après David. et Léonidas, par Laugier d'après David.

185 — Portrait de Napoléon en pied, par Desnoyers d'après Gérard. Ep. avec le petit aigle.

186 — LE COURONNEMENT, par Moreau d'après David.

187 — LE CHAMP DE BATAILLE D'EYLAU, par Valot d'après Gros.

188 — LES PESTIFÉRÉS DE JAFFA, par Laugier d'après Gros.

189 — CYPARISSE, par Adolp. Caron, d'après Vinchon.

190 — LA LEÇON DE FLUTE, par Blanchard d'après Albrier, sur Chine. Avant la lettre.

191 — CORINE AU CAP DE MYCÈNES, par Prévost d'après Gérard. Avant la lettre.

192 — OFFRANDE A ESCULAPE, par Chatillon d'après Guérin.

193 — LA LEÇON DE HENRI IV, par Allais d'après Fragonard. HENRI IV ET SULLY, par Géraut d'après Fragonard. Deux sujets faisant pendants.

194 — LE CHAMP DE BATAILLE D'EYLAU, par Anderloni d'après Colliano.

195 — MORT DU GÉNÉRAL MONTGOMÉRI, par Muller d'après Trumbull. Avant la lettre.

196 — L'ECOLE D'ATHÈNES, par Volpato d'après Raphaël.

197 — MAZEPPA, par Jazet d'après H. Vernet.

198 — LE RETOUR DE L'ILE D'ELBE, par Jazet, d'après Steuben. Petit format.

199 — LA DAME DE CHARITÉ, par Leroux d'après Mme Haudebourg. Avant la lettre.

200 — RAPHAEL ET LA FORNARINA, par Pradier d'après Ingres.

201 — LES ADIEUX DE FONTAINEBLEAU, par Jazet d'après H. Vernet. Grand format. Avant la lettre.

202 — LE BIVOUAC DU COLONEL MONCEY, par Jazet, d'après H. Vernet. Avant la lettrc.

203 — L'APOTHÉOSE DE NAPOLÉON, par Moreau, d'après H. Vernet.

204 — Les quatre parties du monde : ROME, CONSTANTINO-

PLE, ALGER, MEXICO, quatre sujets faisant pendants, lithogr. par Maurin. En couleur, verres peints.

205 — LA REDOUTE, LE BIVOUAC, deux lithog. faisant pendants, par H. Vernet. En couleur.

206 — HIPPOCRATE, par Raph. U. Massard d'après Girodet. Ancienne épreuve.

207 — PORTRAIT DE NAPOLÉON, par Lefèvre d'après Steuben. Avant la lettre, Chine.

208 PORTRAIT DE TALMA, par LIGNON d'après Picot. Avant la lettre.

209 — LES BERGERS D'ARCADIE, par Blot d'après Poussin.

210 — LE GÉNÉRAL LASALLE, portrait en pied par Jazet d'après Gros.

211 — BATAILLE D'AUSTERLITZ, par Dien d'après Gérard. Avant la lettre.

212 — HÉRO ET LÉANDRE, par Laugier d'après Delorme.

13 — TOMBEAUX DU PÈRE-LACHAISE, deux lithog. faisant pendants, par Lassalle.

214 — PANDORE, lithog. par Maurin d'après Dubuffe.

215 PORTRAIT D'UN PAPE, PORTRAIT DE PHILIPPE-DE-CHAMPAGNE. Deux petites gravures.

216 — PORTRAIT DE TALMA, d'après Picot, PORTRAIT DE Mlle MARS, d'après Gérad. BÉLISAIRE, d'après Gérard. Trois gravures d'un tout petit format.

---

217 — 65 Bordures dorées de différentes dimensions.

218 — 10 passe-partout, chacun avec son verre et son carton.

GRAVURES D'ASSORTIMENT

EN FEUILLES.

1 L'Entrée de Henri IV, par Toschi d'après Gérard. Avant la lettre papier blanc.

1 Les Sabines, par R. U. Massard d'après David, sur Chine avec la lettre.

1 *La même,* avant la lettre papier blanc

2 *La même,* avant la lettre sur Chine.

1 Léonidas, par Laugier d'après David.

1 *La même,* sur Chine.

4 *La même,* avant la lettre papier blanc.

1 *La même,* avant la lettre sur Chine

1 La Peste de Jaffa, par Laugier d'après Gros.

2 *La même,* sur Chine avec la lettre.

6 *La même,* avant la lettre papier blanc.

10 *La même,* avant la lettre sur Chine.

2 La Reddition d'Ulm, par Ruhière d'après V. Adam et Steuben.

1 Passage de la Bérésina, par P. Adam d'après Langlois.

1 Gustave Vasa, par Dupont d'après Hersent, sur Chine avec la lettre.

1 La Forêt vierge du Brésil, par Forster d'après le comte de Clarac.

2 Virgile, par Pradier d'après Ingres.

1 Les Derniers honneurs rendus à Raphael, par Sixdeniers d'après Bergeret.

7 Les Derniers honneurs rendus à Raphael, par Sixdeniers d'après Bergeret. Avant la lettre sur Chine.

10 Eaux-fortes de la même gravure.

10 Andromaque, par Richomme d'après Guérin. Sur Chine avec la lettre.

1 *La même,* avant la lettre papier blanc.

5 *La même,* avant la lettre sur Chine.

1 Henri IV et ses enfants, par Richomme d'après Ingres.

1 *La même,* sur Chine.

1 *La même,* avant la lettre papier blanc.

1 *La même,* avant la lettre sur Chine.

1 Daphnis et Chloé, par Richomme d'après Girard.

1 Rébecca enlevée par le Templier, par Girard d'après L. Cognet.

1 Le tombeau de Napoléon, par Garnier d'après Gérard. Avant la lettre sur Chine.

1 Marcus Sextus, par Blot d'après Guérin. Avant la lettre.

1 Vénus et Adonis, par Toschi d'après Albane. Avant la lettre.

1 Bélisaire, par Morel d'après David.

1 Œdipe, avant la lettre, par Morel d'après Giroust.

2 Le Serment des Horaces, par Morel d'après David.

2 Le roi de Rome enfant, par Lefèvre d'après Prud'hon.

1 *La même*, avant la lettre sur Chine.

1 Jugement de Salomon, par Morel d'après Poussin.

1 *La même*, avant la lettre.

1 Pierre le Grand, par Migneret d'après Steuben.

4 La Dernière cartouche, par Chollet d'après H. Vernet.

1 La Femme adultère, par Mariage d'après Poussin.

1 Saint Gervais et saint Protais, par Baquoy d'après Lesueur. Lettre grise.

1 La Femme hydropique, par Classens d'après Gérard-Dow.

2 La Communion de saint Jérôme, par Tardieu d'après le Dominiquin.

1 La Mort de Marc-Antoine, par Leybold d'après Fitz.

1 Orphée et Euridice, par Garnier d'après Droling.

3 Napoléon le Grand, par Desnoyer d'après Gérard.

1 Portrait en pied de Louis XVI, par Bervic d'après Callet.

1 Louis XVIII, par Audoin d'après Gros.

1 Louis XVIII, par R. U. Massard d'après Gérard.

1 Napoléon en buste, par N. Bertrand d'après David.

1 La Dame de charité, par Leroux d'après Mme Handebourg. Avant la lettre.

1 *La même*, sur Chine. Avant la lettre.

1 Eau-forte de la même.

1 Le Roi boit, par Geoffroy d'après Beaume.

1 Le Débarquement de son A. R. l'archiduchesse Caroline-Léopoldine, etc., à Rio-Janeiro.

1 Ossian, par Godefroi d'après Gérard.

1 Louis XVI distribuant des bienfaits, par Pierre Adam d'après Hersent.

16 Convoi d'Atala, par Lignon d'après Gautherot.

26 *La même*, avec la lettre grise.

28 Les Muses et les Pierrides, par Desnoyer d'après Périno del Vaga.

2 Pygmalion, par Laugier d'après Girodet, sur Chine.

2 *La même*, avant la lettre sur Chine.

1 Le Triomphe de Galatée, d'après Raphael par Richomme.

1 Le Lévite d'Éphraïm, par Caron d'après Couder.

2 Le Vœu à la madone, avant la lettre, par Fauchery d'après Schenetz.

1 Raphael présenté au pape Jules II, par J. Odevaere.

1 La Vierge au bas-relief, par Forster d'après Léonard de Vinci.

2 Sainte Cécile, par Ulmer d'après Mignard.

2 Diane et Endymion, par Muller d'après Langlois.

1 Offrande à Esculape, par Chatillon d'après Pierre Guérin.

1 *La même*, avant la lettre.

1 L'Archange Saint Michel d'après Raphaël, par Chatillon.

2 *La même*, avant la lettre.

1 Saint Vincent de Paule, par Prevost d'après Delaroche. Avant la lettre.

La même sur Chine, avant la lettre.

1 La Maladie de Las Casas. Avant la lettre, par P. Adam d'après Hersent.

2 La Vierge aux ruines, par Pradier d'après Raphael.
1 Bajazet et le Berger, Avant la lettre.
1 Montaigne et Le Tasse, par Baquoy d'après Ducis.
1 *La même*, avant la lettre.
1 Bataille d'Austerlitz, par Dien d'après Gérard. Avant la lettre
1 Psyché et l'Amour, par Burdet d'après Picot.
3 Endymion, par Chatillon d'après Girodet.
1 Napoléon au mont Saint-Bernard, par Geoffroi d'après David. Avant la lettre.
2 Louis-Philippe, par Lignon d'après Dupré.
3 Lafayette, portrait en pied, par Leroux d'après Scheffer.
1 Le Duc de***, portrait en pied, par Massard, d'après Fabre, sur Chine.
1 Paul Barras, portrait en pied, par Tardieu d'après Hilaire Ledru.
3 Léda, par Leroux d'après Léonard de Vinci.
2 Henri IV chez Michaud, par Ruhière d'après Menjaud. Avant la lettre.
2 Les Derniers moments du duc de Berri, par Girardet d'après Fragonard. Avant la lettre.
1 La Femme adultère, par Tassaert d'après Titien. Avant a lettre, sur Chine.
8 Les Nymphes au bain, par Noel et Massol d'après Lethiers.
5 *La même*, avant la lettre.
1 *La même*, avec la lettre, en couleur.
14 Atala, par R. U. Massard d'après Girodet.
14 *La même*, avec la lettre grise, sur papier blanc.
9 *La même*, avec la lettre grise, sur Chine.
2 *La même*, avant toute lettre, pap. blanc.
1 *La même*, avant toute lettre, sur Chine.
74 Le Convoi d'Atala, par Lignon d'après Gautherot, deuxième édition.

12 *La même*, avant la lettre.

88 Psyché et l'Amour, par Potrelle d'après David.

82 *La même*, avant la lettre.

2 *La même*, sur Chine, avant la lettre.

5 Héliopolis, Ulm, Moscowa, Wagram, Polotks d'après Langlois et Grenier, par divers.

4 *Les mêmes*, avant la lettre.

4 La Jeunesse de Rousseau et la Jeunesse de Voltaire d'après Steuben, par Blanchard et Lefèvre.

2 *Les mêmes*, avant la lettre, papier blanc.

2 *Les mêmes*, avant la lettre, sur Chine.

4 Fénelon et Saint Vincent, par Baquoy d'après Fragonard et Monsiau.

4 *Les mêmes*, petit format.

4 Le Grenadier pansé et la Religieuse sauvée, par Leroux d'après Deveria.

3 Vénus et Ascagne, Psyché et l'Amour, par Mécou.

2 Clytie, par Potrelle d'après Sambat.

3 *Les mêmes*, avant la lettre.

3 Le Sommeil, par Romanet d'après Titien.

2 Le Berger de Virgile.

2 *Le même*, avant la lettre, sur papier blanc.

1 *Le même*, avant la lettre, sur Chine.

4 Mercure endormant Argus, par P. Adam d'après Steuben.

1 Id., avant la lettre.

9 Nymphe de Diane, par Potrelle d'après Norblin.

10 Pâris et Hélène, par Vital d'après David, en couleur.

7 Les Sacrements, par Poilly d'après Poussin.

6 Combat naval d'après Rossel, par Dequevauviller.

1 Les Noces de Cana, par Dissard d'après Le Dominiquin.

1 Les pénibles Adieux, par Desnoyer d'après Hilaire.

1 Le danger de la Précipitation, par Godefroy d'après Schall.

5 Sujets romains, gravés par Thouvenin d'après Camuccini.

1 Lazare ressuscité, par Avril d'après Lesueur.

4 Enlèvement d'Hélène, et suite, par Bertrand d'après Fleury.

1 Tout passe avec le Temps, par Dissard.

2 *La même* et son *pendant* en couleur.

1 Molière consultant sa servante, par Migneret d'après H. Vernet.

1 La Fête-Dieu à Saint-Germain-l'Auxerrois, par Lefèvre d'après le comte Turpin de Crissé.

1 La Chaumière dévastée, par Girard d'après Scheffer.

1 Portrait en pied de la duchesse de Berri et ses enfants, par Caron d'après Gérard.

2 Scène du Déluge, par Dissard d'après Girodet.

8 La Cène, la Transfiguration, le Mariage de la Vierge, etc., par Thouvenin d'après Léonard de Vinci et Raphael.

1 Le Mariage de la Vierge, par Thouvenin. Avant la lettre, sur Chine.

4 Madonne, Transfiguration, etc., par Dissard.

1 L'Innocence et l'Amour, par Villerey d'après Prud'hon.

2 L'Orpheline, et pendant, par Koenig d'après Crespy.

1 L'Amour considérant le portrait de Psyché, par Lignon d'après Meynier.

1 Phrosine et Mélidor, par Allais d'après Rioult.

1 Le Testament de Louis XVI, par Chatillon et Bovinet.

1 Latonne vengée, par Bachelou et Cathelin d'après Lauri.

1 Madeleine, d'après Lebrun, par Edelink, sans marge et avariée.

1 Raphael et la Fornarina, d'après Picot par Garnier.

1 La Vierge au Poisson, par Desnoyer d'après Raphael. Avant la lettre.

2 Narcisse, par Tavernier d'après Albrier. Avant la lettre.

2 *Les mêmes*, avant la lettre, sur Chine.

1 L'Aurore et Céphale, par Forster d'après Guérin.

2 *Les mêmes*, avant la lettre.

2 *Les mêmes*, avant la lettre sur Chine.

1 La Vierge de la maison d'Albe, par Desnoyer d'après Raphael. Avant la lettre.

2 *Les mêmes*, avant la lettre, sur Chine.

1 Adam et Eve, par Richomme d'après Raphael. Lettre grise.

1 La Vierge aux Rochers, par Desnoyer d'après Léonard de Vinci. Ancienne épreuve.

1 *La même*, avant la lettre.

2 La Sculpture ou Propertia, par Sixdeniers, d'après Ducis. Avant la lettre, sur Chine.

1 Adieux au monde, par Bosq d'après madame Haudebourg Lescot. Avant la lettre.

1 *La même*, sur Chine. Avant la lettre.

2 La Nymphe effrayée, par Bein d'après Lancrenon. Avant la lettre.

1 La Famille indigente, par Caron. Avant la lettre d'après Prud'hon.

2 Camées antiques gravés par dessinés par Laguiche. Sur Chine.

2 Ptolémée II et Apothéose d'Auguste (camées), par Desnoyer et Girardet. Sur Chine.

1 Ptolémée II, avant la lettre. Chine.

4 Le Triomphe de Trajan, par Girardet d'après J. Romain. Avant la lettre, et autres pièces du musée Robillard.

20 Pièces du Musée Robillard moins importantes.

6 Pièces du même moins importantes encore.

8 Pièces du même moins importantes encore.

3 Pièces du même moins importantes encore.

2 Le Christ au tombeau, par Rosaspina d'après Le Bassan.

1 La Vierge au linge, par Desnoyer.

1 Sainte Thérèse, par Leroux d'après Gérard.

1 La Vierge au raisin, par Roullet d'après Mignard.

3 Vierge du palais Tempi et sainte Catherine d'Alexandrie, par Desnoyer. Sur Chine.

2 *Les mêmes*, papier blanc avant la lettre.

2 La Vierge au candelabre, par Blot d'après Raphael.

2 Vierge du palais Colonne, par Masquelier.

3 La Vierge au livre, par Richomme d'après Raphael.

1 *La même*, sur Chine.

1 Sainte Amélie, par Mercury d'après Paul Delaroche.

1 Sainte-Famille, par Sébastien Goulu d'après J. Romain.

1 Camoëns. Cahier complet de 12 sujets par divers. Ep. d'artiste.

2 Le Couronnement et les Sabines (collection de chef-d'œuvre de l'école française). Sur Chine, avant la lettre.

14 Elie et Elisée, par Ruscheweyh d'après Overbeck. Sur Chine.

2 Fête à Cérès, fête à Bacchus, d'après Poussin, par Fortier.

14 *Les mêmes*, avant la lettre papier blanc.

4 *Les mêmes*, avant la lettre sur Chine.

18 Daphnis et Chloé, La leçon de flûte, Vénus caressant l'Amour. Le jugement de Pâris, etc., etc. par Gélée, Blanchard, Blot, Porporati, etc.

7 L'Attente du bal, Enée, les Enfants égarés, les Orphelins, la Veuve du soldat, par Girard, etc.

4 Les Orphelins, la Veuve du marin, avant la lettre.

74 Neptune et Amphitrite, par Richomme, d'après Jules Romain.

2 *Les mêmes*, avant la lettre.

1 Le Zéphir, par Laugier d'après Prud'hon.

1 *Le même*, avant la lettre.

22 L'Innocence, Psyché et l'Amour, Louis XIV et Mlle de la Vallière, le Tasse et sa sœur, etc, par Bervic, Pradier, et Poquet.

9 L'Innocence, Psyché et l'Amour, avant la lettre.

3 Pyramme et Thisbé, par Poquet.

4 Le Chien de l'aveugle, le Chien de l'hospice, et Jeanne de Navarre, par Dibard et Augustin Legrand.

24 Sujets de l'histoire de Napoléon, les femmes célèbres, Marie Stuart, Coriolan, etc., par Bosselmann, Mécou, Bourgeois, et autres

7 *Des mêmes*, en couleur.

9 Sujets. Jeanne d'Arc, le Délire et l'Amour, l'Epagneul chéri, par P. Adam, Porporati et Godefroi.

4 L'Epagneul chéri et son pendant. En couleur.

3 Les Premières amours de Henri IV, par Bosselmann.

9 Sujets de chasse, par Gamble.

4 La Vierge au berceau, le Sommeil de Jésus, par Ruotte et Leroi.

2 *Les mêmes* en couleur.

140 Noce de Cana, par Dissart.

9 *La même* avant la lettre.

4 La Cène, par Bourgeois.

5 La Madeleine et Sainte-Geneviève, par Niquet.

35 Têtes et sujets de sainteté, par divers (au pointillé).

1 Le Christ aux Anges (au pointillé et en couleur).

13 Transfiguration, par Guéverdo et Niquet.

7 *La même* avant la lettre.

2 *La même* avant la lettre, sur Chine.

3 Héro et Léandre en petit, par Kellaway.

4 Petits Sujets de sainteté.

4 *Les mêmes* en couleur.

11 Petites Statues, par Guéverdo et Niquet.

12 Petits Amours, par Jéhotte, etc.

3 Sainte Thérèse et Marcus Sextus, réductions par Leroux et Ribault.

1 Henri IV en pied, par Goulu, d'après Porbus. Avant la lettre

8 Le Roi de Bavière, par Forster, d'après Stieler.

4 Portrait de Raphaël et le Masque de Napoléon, par Forster et Calamata.

1 Portrait de Raphaël, par Forster, sur Chine.

1 Portrait de *** par Toschi, d'après Gérard. Avant la lettre, Chine.

1 Portrait de Poussin, par Lignon. Avant la lettre.

1 *Le même* sur chine, avant la lettre.

4 Portrait de Louis-Philippe et de Marie-Amélie, par Lignon. Avant la lettre (forme ovale).

2 Portrait de Ducis, par Pradier. Avant la lettre.

2 *Le même*, avant la lettre, sur Chine.

7 Napoléon, Lafayette, Périer, Foy, par Audoin, Gelée, Lefèvre (forme ovale).

19 *Les mêmes*, sur Chine. Ep. de souscription.

2 *Les mêmes*, avant la lettre.

1 Portrait de Mlle Mars, par Lignon. Avec la lettre, sur Chine.

1 *Le même*, papier blanc. Avant la lettre.

2 Portrait du duc de Richelieu, avant la lettre, par Lignon, d'après Lawrence.

1 *Le même*, sur Chine, avant la lettre.

19 Portrait de Henri IV et entrée d'Henri IV d'après Gérard, par Muller. Avant la lettre.

9 *Le même* avec la letttre.

14 *Le même*, sur Chine avant la lettre.

87 Portrait de Philippe-de-Champagne, Dubois, Grégoire XIV.

10 Portraits de Grégoire XIV, Dubois. Avant la lettre.

8 Portraits d'Albert Durer et de la maîtresse de Titien, par Forster.

13 Portraits de Raphaël et de la Fornarina, par Morghen.

28 Portraits de L'Arioste, Léonard de Vinci, Pétrarque, Dante, etc., par Morghen.

35 Portraits divers de souverains allemands et autres.

32 Divers Portraits moins importants.

5 L'entrée d'Henri IV, par Pfitzer, d'après Gérard. Avant la lettre.

12 *La même*, le Serment du Jeu de Paume et la Bataille d'Austerlitz petit format. Sur Chine, avant la lettre.

7 Le Jeu de Paume, Naissance d'Henri IV, etc., papier ordinaire,

7 Petits Sujets au pointillé.

4 Apothéose de Napoléon, par Barley.

8 Ariane, Daïs et suite, par Ruhière, d'après Girodet.

33 Sujets et Paysages divers; catalogués dans le commerce 1 fr. 50 c.

43 Le Songe, l'Immortel.

370 Petits Portraits divers et Vignettes.

36 La Vierge à la chaise, la Vierge au poisson, S. Jean. le Christ, etc., par Badoureau.

40 Grandes Têtes d'étude, par Girard, d'après l'entrée de Henri IV de Gérard et la Didon de Guérin.

56 Académies, par Reverdin et autres.

140 Têtes d'étude et de sainteté, par Reverdin et autres.

14 Portraits et divers Sujets en noir et en couleur (broutilles).

21 Chasses et Paysages en couleur (Osterwald).

24 Fleurs, d'après Bessa, gravées par divers.

24 *Les mêmes*, en couleur.

34 Fleurs d'après Mme Vincent et Van Spaendonck, par divers, en couleur.

14 *Les mêmes* en noir.

19 Fleurs moins importantes, d'après divers.

36 *Des mêmes* en couleur.

81 Feuilles diverses, Oiseaux, Papillons en couleur, cataloguées dans le commerce 1 fr. 50 c.

63 *Des mêmes* cataloguées 3 fr.

15 Feuilles, eaux-fortes, par Boissieu, cataloguées dans le commeerce 3 fr.

50 *Des mêmes*, cataloguées 8 fr.

19 *Des mêmes*, cataloguées 10 fr.

130 Costumes en couleur de divers pays, par Lanti et Gatine, catalogués dans le commerce 75 c.

43 *Des mêmes*, catalogués 1 fr.

60 *Des mêmes*, catalogués 2 fr.

40 *Des mêmes*, catalogués 50 c.

120 Divers petits Portraits, par Fiquet, Savart et autres.

134 Petits Portraits en médaillon des députés, pairs de France, etc. (*Collection d'Ambroise Tardieu.*)

56 Petits Bustes de saints au pointillé, par divers.

30 Feuilles de l'Encyclopédie pittoresque, gravées au trait, par Sweback.

1 Cahier de six Sujets tirés des Ecritures saintes, par Lucas.

19 Sujets de chasse, par Newton Fielding.

3 Collection de 50 petites Vues de Suisse, en couleur.

3 Panoramas suisses en couleur.

1 Carton, dessins chinois.

144 Divers Sujets. (Eaux-fortes.)

10 Divers Sujets et Portraits.

14 Portrait du duc de Bordeaux et de sa sœur.

4 Tableau comparatif des principales montagnes et fleuves, etc.

2 Tableau mythorama.

6 Plan de Berlin.

46 Divers plans de Paris et cartes.

960 Cartes des départements (Beaudoin).

1 Un bivouac, par Ruhière.

1 Gravure ancienne, par Rosaspina.

1 La modération est une seconde victoire, par Edelinck.

2 La Liseuse et la Devideuse, par Wilie.

16 Cahiers de principes, par Regnault.

73 id., par Bourgeois et Reverdin.

Quoique les planches des gravures suivantes appartiennent au fonds, nous les considérerons et nous les vendrons néanmoins comme gravures d'assortiment, ces épreuves étant toutes de remarque et la plupart ayant été rachetées par l'éditeur.

8 Molière lisant son Tartufe, par Anselin, d'après Monsiau. Avant la lettre.

9 La Danse des Muses, par Massard, d'après J. Romain. Avant la lettre.

1 Hippocrate refusant les présents d'Artaxerce, par R. U. Massard, d'après Girodet. Avant la lettre.

9 Socrate, par Jean Massard d'après David. Avant la lettre.

5 Le Cheval du trompette, par Johannot, d'après H. Vernet. Sur Chine, avant la lettre.

4 Le Chien du régiment, par Lecomte d'après H. Vernet. Sur Chine avant la lettre.

2 Homère, par R. U. Massard, d'après Gérard, avec la lettre grise. Sur Chine.

6 *La même*, avant toutes lettres, papier blanc.

AQUATINTES FRANÇAISES.

1 Courses de chevaux à Rome, par Jazet d'après Horace Vernet.

1 La Bataille de Waterloo, par Jazet d'après Steuben.

1 Les Adieux de Fontainebleau, par Jazet d'après Horace Vernet.

4 Le Retour de l'île d'Elbe, par Jazet d'après Steuben.

1 *La même* avant la lettre.

4 La Chasse au sanglier, la Chasse au lion, par Jazet d'après Horace Vernet.

1 Le Cavalcadore par les mêmes.

1 Les Arabes dans leur camp, par Jazet d'après Horace Vernet.

2 La Confession d'un brigand et pendant, par Jazet d'après Horace Vernet.

2 Mazeppa aux chevaux, par Reynolds d'après Horace Vernet.

2 Mazeppa aux loups, par Jazet d'après Horace Vernet.

3 Le Contrat rompu, l'Amour médecin, la Demande de mariage, par Maile et Sixdeniers d'après Destouche.

2 La Ferme embrasée, par Garnier d'après Ary Scheffer.

2 Judith et Holopherne, Rébecca, par Jazet d'après Horace Vernet.

1 Les Marchands d'esclaves par les mêmes.

2 Les Comédiens ambulans, le Baptême sous le tropique, par Jazet d'après Biard.

1 Avis aux mères, par Jazet d'après Vigneron.

1 Déclaration de l'indépendance des États-Unis, par Jazet et Trumbull.

1 Serment du jeu de Paume, par Jazet d'après David.

3 Le Départ pour le marché, l'Orage pendant la moisson, par Maile et Bernier d'après Scheffer et Devéria.

2 Jésus chassant les vendeurs, Jésus présenté au temple, par Jazet d'après Blondel.

2 La Pêche du cachalot et pendant, par Martens d'après Garnerey.

4 La Pêche au saumon et pendant, par Martens d'après Garnerey.

4 Chasse aux chevaux sauvages et suite par Jazet d'après Carle Vernet.

1 Cheval sauvage d'après Carle Vernet, (collé sur carton.)

3 Portrait à cheval du duc de Berry, par Jazet d'après Horace Vernet.

1 Sacre de Napoléon par d'après David.

1 Portrait du général Lasalle, par Jazet d'après Gros; avant la lettre.

1 Napoléon à Essling, par Jazet d'après Bélangé.

12 Les Adieux de Fontainebleau, le Pont d'Arcole, la Mort de Napoléon, Retour de l'île d'Elbe, par Jazet d'après Horace Vernet et Steuben.

2 Napoléon à cheval (*sans nom d'auteur sur grand aigle*).

1 Bivouac du colonel Moncey, par Jazet d'après Horace Vernet, *en couleur.*

1 Bivouac de Cosaques, par Coqueret d'après Carle Vernet.

1 A tous les cœurs bien nés par Péringer, d'après Lassus.

4 Honneur au courage malheureux et suite, par Gordien et autres d'après Debret, etc.

3 Le Grenadier de Waterloo, par Jazet d'après Horace Vernet.

2 Attends! attends!.... avant la lettre, par Jazet d'après Horace Vernet.

1 L'Invalide malade, par Maile, d'après Beaume, avant la lettre.

1 Napoléon à Charleroi par Jazet d'après Horace Vernet.

1 Chevaux sauvages surpris par des tigres, par Hurlimann d'après Ledieu.

2 Jésus sauveur, Jésus docteur, par Sixdeniers d'après Rubens et Johannot.

6 Sujets. Histoire de Cinq-Mars, par Jazet d'après H. Lecomte.

2 Derniers moments de la grande Dauphine, par Konig d'après Beaume.

2 Siècle de François Ier. Siècle de Louis XV, par Jazet et Dubucourt.

1 Siècle de Louis XV, par Dubucourt, avant la lettre.

6 Destruction de Babylone et suite, par Jazet d'après Martin et autres.

7 Copies par Jazet du Cavalcadore, de Mazeppa, de la Confession d'un brigand et suite.

1 La Visite du curé, par Himly d'après Bélangé.

4 Le Mauvais sujet, les Enfants surpris, etc., par Jazet d'après Bélangé et Grenier.

2 Le bon Gendarme, Le beau Suisse, par Jazet d'après Biard.

4 Mort du capitaine Cook et Vues maritimes, par Péringer d'après J. Clevely.

200 Général Lafayette pendant sa traversée, par Moreau.

80 *La même*, avant la lettre.

1 Cosaque de Sibérie, par Dubucourt d'après Carle Vernet.

1 Chasse aux Marais, par Reynolds d'après Horace Vernet.

1 *La même*, avant la lettre.

3 Charles Ier, Edouard en Ecosse. La bénédiction des Chambres, par Sixdeniers et Reynolds d'après Paul Delaroche, Collin et Haudebourg.

1 Olivier Cromwel, par Dupont d'après Paul Delaroche.

1 *La même*, avant la lettre.

1 Cours de politique, par Prévost, d'après Charlet.

2 Tu ne l'auras pas et pendant, par Sixdeniers d'après Rioult.

1 Le départ, par Sixdeniers d'après Brune Pagès, avant la lettre.

2 La Sylphide d'après Lépaule.

4 Cromwel et Charles Ier, par Prévost d'après Johannot.

2 La Leçon de dessin, par Garnier d'après Parelle.

4 Jeanne d'Arc. Le massacre des Innocents, par Reygnolds. D'après Paul Delaroche et Leon Cognet.

3 Fénelon, Ste Geneviève, par Allais d'après Beaume et Grenier.

4 Louise la chanteuse et pendant, par Hurlimann d'après Boulanger.

4 Le Gage d'amour, La Correspondance, par Girard d'après Destonche.

1 La bonne Fille, par Reynolds d'après Haudebourg.

1 L'Apothéose de Marie-Antoinette, sans nom d'auteur.

2 Mina, Brenda, par Maile d'après Johannot.

1 Anne de Boulen, par Swebach d'après Cibot.

1 Naufrage de don Juan, avant la lettre, par Koning d'après Johannot.

3 Naufrage de don Juan, Zulieka, par les mêmes.

2 Le Bon et le Mauvais ménage, par Prévost d'après Pigal.

2 Le Soldat complaisant et le Hussard en semestre, par Jazet d'après Destouche.

16 Autres sujets divers, par divers.

30 Portraits et sujets divers.

11 Sujets de Chasse, par Jazet et autres.

5 Vues de Bordeaux.

21 Marines et Paysage, par Himely.

19 Portraits. Femme et divers Sujets d'après Dubuffe, gravés par divers.

5 Autres d'après Dubuffe, gravés par Maile.

1 Victoria d'Albano d'après H. Vernet, par Henri Cousins.

32 Sujets par Jazet et autres, catalogués dans le commerce à 6 f.

9 Autres catalogués 4 f.

4 Histoire de Faust, par Geoffroi d'après Chasselat.

1 Le Christ, par Reynolds, avant la lettre d'après Prud'hon.

32 Sujets divers,(aquatintes par divers) cataloguées dans le commerce 6 f.

11 Autres, catalogués dans le commerce 5. f.

117 Autres, catalogués 3. f.

31 Autres, catalogués 1 f.50.

9 Panoramas divers.

4 *Les mêmes*, en couleur.

12 Vues de Villes et Paysages en couleur.

6 Feuilles de Monuments, par Péringer.

7 Vues des ports de France, (Ostewald J.)

26 *Les mêmes* et vues de Suisse, (Ostewald J.)

42 Paysages, Marines, Intérieurs en couleur.

4 *Les mêmes*, en couleur.

12 Petites vues de Suisse et autres.

66 Diverses vues de Suisse, en couleur et cataloguées dans le commerce 1 f.

135 Diverses vues de Suisse et d'Italie, en couleur et cataloguées dans le commerce 3 f.

8 *Les mêmes*, cataloguées 5.

15 *Les mêmes*, cataloguées 8.

14 *Les mêmes*, cataloguées 10.

39 *Les mêmes*, catologuées 12.

17 *Les mêmes*, cataloguées 20.

7 *Les mêmes*, cataloguées 24.

2 *Les mêmes*, cataloguées 48.

3 Costumes et vues de Suisse en couleur, cataloguées dans le commerce 30 f.

GRAVURES ET AQUATINTES
ANGLAISES.

4 Tippoo, et suite, par Schiavonelli d'après Potter. (*Pointillé*).

4 *Les mêmes,* en couleur.

1 Elephant and Castle, Nevington, par Hunt d'après Jones. En couleur. (*Aquatinte*).

2 Tivoli a composition, gravé par Goodall d'après Turner.

1 *La même,* sur Chine.

1 *La même,* sur Chine. Avant la lettre.

2 *Reapers a Storm in harvest,* par Meadows d'après Westall. (*Pointillé*).

2 La Vision de saint Jean, par Philipps d'après Danby. (*Aquatinte*).

1 Passage de la mer Rouge, par les mêmes. Sur Chine. Avant la lettre. (*Aquatinte*).

1 Charles X, en pied, par Turner d'après Lawrence. (*Aquatinte*).

1 Alexandre Ier, en pied, par Wright d'après Daw. (*Aquatinte*).

1 Portraits. Wellington, en pied, gravé par Forster d'après Gérard. Avant la lettre, sur Chine.

1 Sir Willam Grant, par Golding d'après Lawrence.

35 Othello, Olivia. et autres divers sujets par divers. (*Aquatintes.*) Proof.

20 Othello, Olivia et autres. Avant toute lettre, papier blanc.

4 *Les mêmes,* en couleur.

5 Marie Stuart et son Secrétaire, par Ducan d'après Fradelle.

6 *Les mêmes.* Proof.

4 Portraits en pied. Maximilien Joseph, François Ier et Alexandre Ier. (*Pointillés*).

2 Chasse au Renard, et pendant, par John Scott, d'après Gilpin. (*Pointillé*).

1 Willem Frédéric George Hodewijk, et Anna Paulowna, princes d'Orange, gravé par Velijn.

1 Grande Tête de Chien. Aquatinte. Avant la lettre.

1 Newmarket Race, par Alken. Aquatinte en couleur.

1 Une petite Laveuse, par Turner d'après Lawrence. Aquatinte. Avant la lettre.

1 La Bataille de Boyne, gravé par John Hall d'après West.

1 Wellington, buste, par Taylor d'après Lawrence.

1 Agar répudiée par Abraham, gravée par Meno Haas d'après Govart Flinck.

1 Deux Amants, par Reynolds d'après Sébastien del Piombo. Aquatinte. Avant la lettre.

1 The idle servant, par Hupton d'après Maes. (*Aquatinte.*)

2 Guillaume IV et un autre portrait, d'après Lawrence. (*Pointillés sans fond*).

1 Sophonisba, gravé par Smith d'après Titien. Sur Chine.

1 Lord Grey, par Samuel Cousins d'après Lawrence. (*Aquatinte*).

6 Portraits de Canning, par Turner d'après Lawrence. (*Aquatinte*).

2 Samuel, par John Brett d'après Reynolds.

1 Tombeau, gravé par Havell.

GRAVURES ITALIENNES.

1 La Cène, par Ant. Vérico d'après Léonard de Vinci.

1 Diogène et Alexandre, par M. Gandolfi d'après G. Gandolfi.

1 La Chasse de Diane, par Morghen d'après le Dominiquin.

1 Transfiguration, par Morghen d'après Raphael.

1 *La même*, ancienne ép.

1 Le Spassimo, par Toschi d'après Raphael, ép. de souscription.

1 *La même*, avant la lettre.

1 Saint Jérôme et la Vierge, d'après Corrège, par Gandolfi.

1 La Madonne col divoto, par Bettelini d'après Corrège.

1 La sacra Famiglia, d'après Raphäel, par Anderloni.

1 Héliodore chassant les vendeurs, etc., par Anderloni d'après Raphael.

2 La Danse des Heures, par Morghen d'après Poussin.

15 La Fuite en Egypte, par Morghen d'après Poussin.

1 Le Chevalier de Moncade, par Morghen d'après Van-dick.

1 La Madonne de Foligno, par Schenker d'après Raphael, avant la lettre.

5 Moïse et les Bergers, par Anderloni d'après Poussin.

2 La Femme adultère, par Auderloni d'après Titien.

2 La Femme adultère et Moïse et les Bergers, par les mêmes, avant la lettre.

1 Le Char de la Nuit, par Volpato d'après Le Guerchin.

1 Le Char de l'Aurore, par Morghen d'après Le Guide.

4 Saint Jean, la Madeleine, par Pavon d'après le Dominiquin.

1 *La même*, avant la lettre.

1 Vierge à la chaise, d'après Raphael, par Garavaglia.

1 *La même*, par Ulmer.

1 *La même*, par Morghen.

4 La Vierge aux Anges, par Anderloni d'après le Titien, avant la lettre.

1 Les Pèlerins d'Emaüs, par Bernardi d'après Appiani.

1 Vision de sainte Catherine, par Vandramini d'après Paul Véronèze.

1 Sainte Famille, par Anderloni d'après Poussin.

1 Eco, par Folo d'après Guido Head.

9 Vénus et Adonis, par Folo d'après Luca Cangiassi.

8 Angélique et Médor, par Folo d'après Mateini.

9 Galatée sur les eaux, par Longhi d'après Albane.

1 Vénus et l'Amour, par Michel Bisi d'après Appiani.

2 La Charité par Morghen d'après Corrège.

3 La Sacra Famiglia, par Rosaspina d'après Barbiéri.

1 Sainte Famille, par Longhi d'après Raphaël.

1 *La même*, sur Chine.

4 *La même*, papier blanc, avant la lettre.

2 *La même*, sur Chine, avant la lettre.

1 L'Aurore et Céphale, par Balestra, d'après A. Carrache.

1 Agar et Ismael, par Garavaglia, d'après Barrocio.

1 Saint Pierre et le Sauveur, par Cantini, d'après Cigoli.

1 Le Christ au Tombeau, par Steinla, d'après Fra Bartholomeo.

2 Vierge aux bouquets, par Hess, d'après Carlo Dolci.

1 Buste de la Madone de Saint-Sixte.

11 Apôtres en pied, par Folo et autres d'après des statues.

1 Vénus de Médicis, par Pierre Fontana.

1 Madeleine, par Longhi d'après Corrège.

1 La Madeleine, par Schultze d'après Battoni.

1 Jésus dormant sur sa croix, par Gandolfi d'après Alori.

1 Saint Jean, par Marri et Longhi d'après A. Carrache.

2 Saint Jean, par Marri et Longhi d'après Carrache. Avant la lettre.

2 La Cène, par Mochetti d'après Léonard de Vinci.

1 Pie VII, par Pavon, d'après Cunego.
1 Mater Dolorosa, d'après Benvenuti, par Barocci.
1 Madona del Lago, par Longhi, d'après Léonard de Vinci.
1 *La même* non terminée.
2 Madona della Colomba, d'après Le Guerchin, par Garavaglia.
1 Saint Jean, par Muller d'après Le Dominiquin.
1 Christ, par Buchhorn d'après Carlo Dolci.
3 La Vierge et l'Enfant Jésus, par Varallo d'après Cesare de Sesto.
9 Vierge Benedicta in mulieribus.
1 La Vierge et l'Enfant Jésus, par Jesi d'après Raphaël.
1 Mariage de la Vierge, en petit d'après Raphaël.
9 Mater Divina Gracia, par Morghen d'après Garofalo.
2 *La même*, par Alfiéri.
1 Virgo et Mater, par Bella d'après Raphaël.
1 Madeleine endormie, par Anderloni d'après Corrège.
1 Jésus-Christ, par Capozzuoli d'après Carlo Dolci.
1 Madona di Guido Reni, par Garavaglia.
2 *La même*, avant la lettre.
2 Têtes d'Anges (de la Madone de Saint-Sixte).
4 Madona col Bambino et pendant, par Morghen et Longhi.
47 Grands Paysages d'après Poussin et autres, par différents graveurs.
9 *Des mêmes*, avant la lettre.
13 Paysages divers par différents graveurs.
6 Autres Paysages plus petits.
6 Vues de Naples et du Vésuve (Gouaches).

LITHOGRAPHIES D'ASSORTIMENT

EN FEUILLES.

18. La Cène, de Léonard de Vinci, par Bardel. (Décrouan)

16 Le Baptême, d'après Poussin, par Bardel. (Décrouan)

6 Jésus donnant les clefs à Saint Pierre, par Bardel. (id.)

2 Transfiguration, par Bardel. (Décrouan)

4 La Madone de Foligno. par Bardel (Décrouan).

1 La Vierge belle jardinière, par Bardel (Décrouan).

1 Ossian, d'après Girodet. Grande composition.

1 Madone de Saint-Sixte, par Aubry-le-Comte. Sur Chine avant la lettre.

2 Jugement de Marie Stuard, Naissance de Henri IV, par Achile Dévéria d'après Eugène Dévéria.

1 Mariage de la Vierge d'après Raphaël, par Oéri.

2 Sainte Famille (forme ronde, lithog. allemande).

1 Napoléon entouré des généraux français les plus célèbres de son temps, par Marin d'après Monten.

1 Napoléon entouré des personnages les plus illustres de son temps, par Marin, d'après Victor Adam.

1 La Chapelle sixtine, par Sudré d'après Ingres.

2 Grandes feuilles d'ornements par A. Leclere d'après Roux aîné.

4 Psyché, le Récit, le Combat de la flutte, et pendants, par Barathier d'après Fragonard. Sur Chine, avant la lettre.

1 Psyché offrant des présents à ses sœurs, par *les même* sur Chine avec la lettre.

2 La Cinquantaine, l'Ouverture de la chasse, par Léon Noel d'après Duval Lecanus.

2 Christine à Fontainebleau et Marie Stuart à Holyrood, par Demaison d'après Dévéria.

4 L'Odalisque punie et suite, par Barathier d'après Fragonard. Sur Chine, avec la lettre.

3 Le Serment des sept chefs, d'après Cirodet, par Aubry-le Comte. Sur chine, avant la lettre.

1 id. sur chine, avec la lettre.

1 Jésus prêchant, par Oéri d'après d'Overbeck.

2 Corine au cap de Mycène. Childe-Harold et Inès d'après Gérard, par Aubry-le-Comte et de Juine.

2 Le duc d'Orléans à cheval, d'après Maurin.

2 Louis-Philippe à cheval d'après Ladurner, par Marin Lavigne.

3 Napoléon à eheval, 1815, d'après H. Vernet, par Marin Lavigne.

4 Napoléon à Waterloo et Napoléon aux Pyramides d'après Tassaert, par Victor.

2 Grands portraits en buste de Louis-Philippe, par Maurin et Henon Dubois.

2 id. en couleur

1 Médaillon de l'Empereur tiré de la table eds maréchaux, par Maurin d'après Isabey.

1 L'Aurore avant-cour ière du soleil, par Michel d'après le Guerchin.

2 Sacré-Cœur, de Jésus et de Marie, par Maurin d'après Victor Adam.

6 Les Espiègles et les Pleureuses, d'après Roëhn, par Léon Noël. Sur Chine.

1 Jemmappe d'après Horace Vernet, par Bellay. Sur chine.

2 Voyage en été. Voyage en hiver, Environs de Saint-Pétersbourg. En couleur.

1 Le Réveil, par Alberti.

2 Danaé, par Aubry-le-Comte, d'après Girodet.

1 Naissance de Vénus, par Loches, d'après Girodet.

2 Vénus, par *** d'après Burey.

2 Aphrodite, par Dassy d'après Girodet.

2 Psyché après avoir connu l'Amour, d'après Delorme, par Léon Noël.

1 Le Christ pleuré par la Vierge, par Planson d'après Vandick.

3 Sainte Geneviève, par et d'après Lancrenon.

1 *La même*, sur Chine avec la lettre.

1 *La même*, sur Chine avant la lettre.

2 Louis-Philippe proclamé lieutenant du royaume, par Aubry-le-Comte, d'après Lethiers.

1 Le Triomphe d'Ariane, par Fragonard. Sur chine avec la lettre.

1 *La même*, sur Chine, avant la lettre,

1 L'Enlèvement de Proserpine, par Fragonard. Avant la lettre papier blanc.

2 Le Baptême de village, par L. Noel d'après Scheffer sur Chine.

11 Pie VII, (portrait) d'après David, par Girodet.

10 Charles X, (portrait) par et d'après Tardif.

3 *Des mêmes*, Chine.

1 Cahier contenant 8 sujets de la passion, par Oéri d'après Holbein.

2 Demeure de lord Byron et de Walter Scott, par Tirpènne et Monthelier, en couleur.

2 Vues de Paris au dix-neuvième siècle, par et d'après Champin.

2 Vues de Paris, par Champin, d'après Gavard.

1 *La même*, sur Chine.

1 Jésus transporté par Satan sur une montagne, par et d'après Champin.

1 Vue d'une partie de Gênes, par et d'après Champin.

7 Vue de Lucerne et de Berne d'après Chapuis, par Bichebois et Tirpenne.

3 Interlaken, Jungfrau, par Villeneuve. Sur Chine.

2 Lauterbrounn, Lac de Thun, par Joly.
2 Misocco, Glaris, sur Chine, par Joly et Chapuis.
8 *Les mêmes* sur papier blanc.
7 Vevey, Lucerne, par Joly.
14 Grand paysage d'après Poussin, par Levilly.
3 Tombeau de Napoléon, par Monthelier et Tirpenne.
1 Forêt du Brésil, par Maurice Rugendas.
1 *La même* sur Chine.
4 Vue de Moscou, par Cadolle.
4 id. en couleur.
2 Forêt vierge de l'île de France, et son pendant par Philastre.
4 Etudes, par Villeneuve et Deroy d'après Coignet.
2 Mort de Roland et pendant, par Defer d'après Michallon.
2 La Baleine d'Ostende, par Jobard.
9 Marine par Gudin.
4 *Des mêmes* sur Chine.
3 Marines par Garnier.
1 Combat de Navarrin, par Saint-Aulaire.
1 Site de la forêt de Fontainebleau, par Champin.
2 Rémus et Romulus, par Aubry Lecomte d'après Lethiers.
4 Vue d'Italie et suite, par Villeneuve et Vanderburch, sur Chine.
3 Vue d'Italie, par Villeneuve et Vanderburch, papier blanc.
1 Vue de la ville et du port de Cherbourg. Embarquement de Charles X, par Asselineau.
2 Vue du fort de Saint-Sébastien, par Villeneuve d'après Aldetti.
2 Arrivée de Lafayette à l'Hôtel-de-Ville, et son pendant par Charlet et Vattier.
1 Vue de la Malmaison, en couleur.
2 Destruction de Missolonghy et pendant, par Maurin et Marin d'après Langlois.

5 *Des mêmes,* sur Chine.

7 La Communion des Grecs, par Chrétien d'après Rossignon.

24 *Des mêmes,* sur Chine.

4 Chasses, par Volmar.

1 *La même,* en couleur.

1 La Vengeance poursuivant le Crime, par Marin d'après Prud'hon.

2 Le Lever et le Coucher, par L. Noel d'après Franquelin.

1 L'Amour vainqueur, par et d'après Beaugard Thil.

8 Les quatre parties du monde, par Maurin, sur Chine.

2 *Des mêmes,* papier blanc.

2 L'Archevêque d'Orléans, par Léon Noel d'après Duval Lecamus.

2 *Les mêmes,* sur Chine.

2 Souvenirs de Napoléon, par Marin et Victor Adam.

1 Famille de don Pèdre, par Maurin.

1 Famille de Napoléon, par Maurin.

2 *Les mêmes,* plus petites.

1 Famille de Louis-Philippe, par Maurin, en couleur.

1 Alexandre, prince de Vurtemberg, portrait à cheval, par V. Adam.

6 Napoléon à Arcole.

8 Mirabeau (portrait), par Maurin.

1 *Le même,* sur Chine.

10 Duquesne (portrait en pied), par Grevedon.

1 *Le même* sur Chine.

2 Georges Cadoudal (en pied).

2 M. de Seize, par Aubry d'après Girodet.

1, *Le même,* sur Chine.

1 Colonne de la place Vendôme, par Carrière.

1 La jeune Dame, par Alberti.

1 Cheval du général Desaix (Engelmann) d'après Carle Vernet, par V. Adam.

4 Soldat voilà Catin! par Maurin.
1 Sacre de Charles X.
4 Entrée de Charlés X, par Loeillot.
19 Bibliothèque de Manuel.
5 Le Souvenir, par Grevedon d'après Dubuffe.
2 Eh bien oui!..par Bélangé.
4 L'Allocution, la Gamme, l'Insubordination, par Charlet.
2 Jésus et la Samaritaine, par Courtin d'après Tassaert.
5 Corbeille de fleurs, par Husard, en couleur.
2 Douleur et Consolation, par André d'après Pingret.
2 Devine qui? Henri IV et Fleurette. En couleur.
1 Circassienne captive, par Wallou de Villeneuve.
2 Bataille d'Austerlitz et Apothéose.
51 Amyntas délivrant Sylvie, par Dubois, d'après Albrier.
11 Id. sur Chine.
2 Françoise de Rimini, par Grévedon. Chine avec la lettre.
13 *La même*, sur Chine avant LL.
1 Le Concert italien, par L. Noel.
2 Départ pour la Pêche, par Marin Lavigne.
1 Famille du Pêcheur, par Marin Lavigne.
2 Le Baptême et le Mariage, par L. Noel, sur Chine.
2 La Rentrée et la Sortie de la Procession, par L. Noel d'après Roqueplan.
29 Le Sauveur sur les eaux.
1 *Le même*, sur Chine.
5 L'Odalisque, par Sudré d'après Ingres.
3 L'Escarpolette et pendant, par Fragonard.
2 Id. en couleur.
1 La Tentation, lithographie allemande.
1 Le Médecin hongrois.
4 Le Couché de la Mariée et suite, d'après Eug. Dévéria, par Garnier.

2 Milton Justine de Lewis, d'après Pagès, par Demaison.

1 La Fête de la bonne Maman, par L. Noel.

4 La Convalescence, par Gigoux.

1 Constantinople, par Maurin.

8 La Promesse du Rendez-Vous et la Bienfaisance, par

1 L'Enfant Malade, par L. Noel.

1 Jehan de Saintré, par Maurin.

2 Dunois et Isabelle, par Fragonard.

2 La Châtelaine et son Page, par Bellay.

2 Marino Faliero, par L. Noel.

1 Don Juan, par L. Noel.

2 Héloïse et Abeillard, par Léon Noel.

2 Milton, par Léon Noel, d'après Decaisne.

2 La Prédiction, par Demaison d'après mademoiselle Pagès.

2 La Lecture, par *Les mêmes.*

2 Le Lion, le Tigre, par Delacroix.

10 Le Chien du Pêcheur et suite, par Marin Lavigne.

2 Les jeunes Filles, par A. Dévéria.

1 Les trois Maîtresses, par Grevedon.

1 Sainte Cécile, d'après Dominiquin, par Grevedon.

7 Amour filial, et suite, par Maurin.

1 Prière à la Madonne, par Weber.

32 La Bienfaisance, par Léon Noel.

25 Id. sur Chine.

4 Id. En couleur.

1 Lithographie sans titre : Deux Paysans à genoux sur une tombe.

7 Sujets de Walter Scott, par Maurin.

6 Id. En couleur.

12 Sujets. Histoire de Cinq-Mars, par Dévéria.

6 Id. En couleur.

8 Tout passe, et pendant, (Ostervald).

1 The Lily, par Mayer, d'après Lawrence.
4 Id. En couleur.
3 L'Éloquence, et suite.
8 Id. Avant la lettre. Chine.
2 Monuments élevés dans le parc de Neuilly, par Bichebois.
8 Sujets de don Juan, par Maurin.
4 Id. En couleur.
6 Les Réjouissances publiques, par Boilly.
6 Le Jeu de Billard, par Boilly.
3 Le Jeu d'Écarté, par Boilly.
9 L'Économie politique, par Boilly.
19 Les Députés des départements, par Desmarets.
10 Les Constitutions. en couleur.
46 Madeleine, Saint Jean et la Vierge, par Gilbert, Mlle Lemire et autres.
109 Grandes têtes de femmes, par Loches, d'après Souchon.
54 id. en couleur.
61 Dame athénienne, par Maurin d'après Girodet
44 id. Chine.
30 Dame romaine sur Chine.
3 Télémaque et Minerve, par Mlle Bès.
5 Grandes têtes d'étude; Pacha, Néréide, etc., par Mlle Bès.
8 Têtes d'études, par Mlle Bès et Véber, d'après divers peintres.
3 Béatrix-Cinci, par Alberti d'après Le Guide.
3 id. Chine.
2 Rédempteur, par Alberti, d'après Le Guide.
32 Académies d'après nature, par L. Noel.
4 Extase de Saint François, d'après le Carrache.
12 Têtes de Circassiennes, par L. Noel.
5 Mater Dei, par Monanteuil.
2 Tête d'étude d'après Girodet.

4 id. Chine.
4 Vierge à la chaise, par Monanteuil.
27 Têtes d'études par Gigoux et Pornay.
7 Sainte Geneviève et la Paix, par Lancrenon.
17 Têtes diverses, Thésée, Clorinde, etc., par divers.
29 Têtes diverses par Carrier.
18 Petites académies par Numa.
198 Têtes et études par Julien.
52 Académies par Julien.
4 Id. par Lemire.
1 Vive le vin, par Roëhn, sur Chine.
1 Vive l'Amour, par Roëhn, en couleur.
1 Duchesse de Berri et ses enfants, par Lacroix.
4 Un tendre Aveu et suite, par Maurin.
1 Anne de Boulen, par L. Noël. Sur Chine.
1 Les petits Ecossais.
2 La Muette de Portici, la Frilleuse, par Grevedon.
2 Le Cacolet, par Robaut.
1 Le Bain, par Blanchard.
1 Sujet de chasse, par Duval le Camus.
4 Id. sur Chine.
3 La Nymphe se mirant et pendant, par Lordon.
2 La Cruche cassée, par Belnoz.
1 Turenne endormi, par Creppy le Prince.
2 Charibert et Clorinde et pendant, par Maurin.
11 Sujets tirés du Grand Album de Delpech, par divers.
1 Le Repos, par Henon Dubois et Vanderburch.
1 Le Reveil, par Dubuffe.
1 Le Christ portant la Croix.
9 Françoise de Rimini, par Aubry-Lecomte d'après Ingres.
2 Henriette d'Angleterre et Marie Stuart, par Desmaisons.
2 Le soldat complaisant et pendant, par L. Noël.

8 L'Absence du Maître et pendant, par Desmaisons.
2 Id. en couleur.
4 Sujets d'Enfants, par Léon Noël d'après Jacquard.
2 Le Premier Amour. Le Drapeau défendu, par L. Noël.
1 La Jeune Orpheline, par Mlle Estelle de V..
1 Sainte Vierge d'après Murillo.
5 Une Famille parisienne 1830, par Demadryl.
14 La pauvre Femme, par Duval le Camus.
4 Tentation de St Antoine, par Valdahon.
2 Douleur Maternelle, par Gigoux.
36 Amours cosmopolites, par Dévéria.
9 Id. en couleur.
15 Physionnomie de la Société, par Madou.
28 Sujets familiers, par Duval le Camus.
9 Id. Chine.
6 Croisées gothiques, par Dévéria.
4 Id. en couleur.
27 Sujets de l'histoire d'Angleterre, par Dévéria.
2 Le Brave des Braves, par Maurin.
10 Sujets d'album des Salles d'Asile.
9 Divers Portraits en pied. (Letor)
1 Louis-Philippe à cheval, par Loeillot.
16 Portrait de Mme Damoreau Cinti, par Maurin.
14 Le Père Enfantin, par Grévedon.
9 Id. sur Chine avant la lettre.
8 Id. id. avant la lettre.
2 Portrait de Talma, par Trolli.
2 Id. par Vigneron, sur Chine avant la lettre.
4 Portait de Baptiste aîné, par Grévedon.
1 Mlle Noblet, par Grévedon.
2 Id. sur Chine avec la lettre.
3 Id. sur Chine avant la lettre.
1 Id. Papier blanc avant la lettre.

1 Le Bouquet, par Grévedon.
1 Mlle Taglioni, par Grévedon.
1 Mme Malibran, par Grevedon.
8 Mlle Mars, par Grevedon, avec fond.
1 id., sans fond.
3 Taglioni, par Gigoux.
5 Portraits d'Actrices, par Vigneron.
32 id., par Grevedon.
3 La belle Féronnière, par Grevedon.
1 Amélie, duchesse de Bragance.
1 Toilette du matin, par Aubry Lecomte.
6 Nicolas I et Mamouth à cheval, par Maurin.
1 Walter Scott, par Garnier.
1 Dantan jeune, par Beauginet.
7 Dumas, Alfred de Vigny, Victor Hugo, Lamartine, par Devéria.
3 Boïeldieu, par Grevedon.
1 id., sur Chine.
4 Mamouth, par Dévéria.
3 Le Testament de Louis XVI.
4 Mina (portrait), par Maurin.
33 Portraits; Médecins célèbres, Auteurs, Acteurs, Peintres, etc., et autres.
4 id., moins importants.
1 Mademoiselle, par Grevedon, en couleur.
13 Napoléon en pied, sur Chine.
25 Le prince Eugène en pied, par Trolli.
4 Le Général Foy en pied, par Maurin.
1 Napoléon au Saint-Bernard, par Mauzaisse.
5 Petits Napoléons, par Marin.
10 La Loi citoyenne, par Emile Vattier.
2 La Reine des Belges, par Grevedon.
1 La duchesse d'Orléans, par Grevédon.
1 id., sur Chine.

11 Divers Portraits de la Famille royale.

10 Le Maréchal Mortier.

9 Portraits de la Famille déchue, par Grevedon et Belliard.

28 Les Mois, par Devéria.

11 Les Saisons et les Eléments.

6 Le Lever de la Mariée, etc. en petit, par Mayer d'après Dévéria.

3 Portraits en pied de Jawureck, par Léon Noel.

6 Sujets tirés des Romans de Walter Scott, par Devéria.

4 Sujets d'après Greuze, Descaines, etc., par Garnier.

5 La Toilette, par Garnier.

6 Vénus, par Devéria.

4 Sujets, par Robillard.

22 Sujets de Sainteté, par Victor d'après Tassaert.

55 id., par Devéria.

28 id., par Maurin.

55 id., par Vallou, Tassaert et antres.

5 id., en couleur.

1 Zéphir, par Grevedon d'après Prud'hon.

5 id., avant la lettre.

19 Sujets d'album, par Carle et Horace Vernet.

50 Divers Sujets d'Album, par Grenier, Deveria, etc.

43 Petits Sujets divers, par divers.

64 Id. plus importants.

37 Diverses Lithographies, Têtes, Portraits, etc.

218 id. id.

10 Têtes diverses.

5 Maison de Michel-Ange et du Tasse, papier blanc. Avant la lettre.

2 id. sur Chine, avant la lettre.

5 Modèle et Vertu.

5 Tombeau du général Foy.

2 Divers Sujets.

23 Vues de Paris, Paysages, etc., par Cadolle et autres.

4 Vues de Paris en couleur.

269 Divers Paysages.

19 Divers petits Paysages.

141 Portraits, divers de Personnages célèbres, par divers.

104 id. moins importantes.

53 id. moins importantes encore.

120 id. moins importantes encore.

6 Victoires et Conquêtes et autres.

6 Sujets de Napoléon, par divers artistes.

6 id. avant la lettre.

14 Sujets de Napoléon plus petits.

30 Chevaux divers par Adam et autres.

90 id. par Horace Vernet, Victor Adam et Francisque.

21 Chasse et Voitures, etc.

4 id. en couleur.

11 Sujets lithographiés, en eouleur.

2 id. id.

3 id. id.

10 id. id.

16 id. id.

5 id.

28 id.

49 Fleurs d'après Redouté, par divers, en couleur.

15 id. par Laure Devéria, en couleur.

10 Fleurs, par J. Cette, en noir.

36 Fleurs sur fond noir, par divers.

159 Fleurs diverses, par divers, en noir.

493 id. et Oiseaux, en couleur.

129 Astérope et Maïa, d'après Girodet, par Chrétien.

53 id. sur Chine.

101 Feuilles, Paysages, sur demi-colombier, déta-

chées de différents ouvrages, par V. Adam, Bichebois, Jacotet, etc.

73 Sujets de chevaux et de chiens, par Francis.

11 Etudes d'animaux par Brascassat.

1 Cahier de 16 feuilles, études anatomiques du cheval, par Brunot.

85 Feuilles, Cours d'études d'animaux, par V. Adam.

8 id. en couleur.

18 Histoire de Napoléon, par V. Adam.

54 Siége d'Anvers, par Raffet, et Souvenirs militaires, par Bélangé.

1 Cahier de 12 feuilles de Chasses anciennes, par harles Aubry.

23 Feuilles, Histoire pittoresque de l'équitation, par *le même.*

12 id. en couleur.

17 Diverses vues de Paris, par Arnoult.

6 id. en couleur.

3 Cahiers de 6 feuilles, Souvenirs de campagne, par Grenier.

7 Vues des monuments de la ville de Paris, par Mme de Barascut.

24 Etudes de Paysages, par Villeneuve, sur papier tinté.

1 Cahier de 6 motifs comiques, par Leroy.

1 Album de 6 feuilles et texte, par Elise Boulanger.

1 Cahier de quatre feuilles. Souvenirs de Constantinople, par Monthelier et Tirpenne.

15 L'Ange Gardien, par Dévéria.

6 Id. En couleur.

24 Souvenirs du Carnaval, par Gavarni.

9 Vice et Vertu, par Jules David.

7 La Esméralda, par Maurin.

45 Clef des Songes, par Michel Delaporte.

712 Sujets d'Ornements, par Schmit, Robert, Julienne, Boullemier, etc.

22 Sujets d'Ornements, par Roux. En couleur.

324 Lettres sur la Suisse, Vues d'Italie, etc., par Michallon, Villeneuve, etc.

39 Id. sur Chine.

366 Ichonographie française des Contemporains, par divers.

867 Sujets, par Raffet, Bélangé, Charlet, etc.

325 Passe-temps, Illustration, par Adam.

12 Id. En couleur.

185 Sainte-Famille, d'après Barroche, et une Vue de Pompéi, par Dupré.

350 Rives de la Loire, de la Seine, etc., par Deroy et Lauters.

130 Id. Chine.

9 Paris ancien et moderne, par Boys, Dauzats, Deroy, Jaime.

67 Feuilles. Le Moyen Age Pittoresque, d'après Chapuis Roargue, etc.

12 Cahier de seize Feuilles croquis, par le comte Turpin.

66 Feuilles, Dantanorama.

47 Feuilles, Vues de Suisse et d'Italie, par Obach, Jacottet, Tirpenne, Deroy, etc.

20 Id. En couleur.

105 Feuilles, Sujets d'Album, par Dévéria, Lehnert, Maurin, Sicard, etc.

51 Id. En couleur.

62 Flore des Salons, Galerie Fashionable, Revue Pittoresque et divers Paysages, par Hubert et Dévéria. En couleur.

321 Feuilles, Musée de l'Amateur, Sujets, par Madou; Chasses, par Grenier; Albums, par Dévéria; Galerie Religieuse, etc.

122 Petits Sujets et Paysages, par V. Adam, Madou, Jannet.

23 Album départemental de Bordeaux et des environs, par Galard.

30 Cahiers, Méthode pour apprendre le dessin sans maître, par Alberty.

94 Homère d'après Gérard, par Baptiste (forme ronde de Médaillon.)

47 Sujets, par Horace Vernet,

12 Sujets religieux, par Mauzaisse.

41 Combats d'animaux, par Fielding.

79 Petits Portraits d'actrices, Fondateurs de la liberté et autres, par Dévéria, Delorieux, etc.

183 Petits portraits des membres de l'Institut, par Boilly.

16 L'Inde française, par divers artistes, publiée par Péringer, Marlet et Chabrelie, en couleur.

2 Faust, tragédie de Goëthe, par Delacroix.

131 Feuilles, Cathédrales françaises, par Chapuis.

27 Les Amours des Dieux, par Chatillon, Aubry-Lecomte, etc. d'après Girodet.

88 Portraits de la Galerie médicale, par Vigneron.

4 Portraits et sujets grecs, par Krazeisen.

1 Cahier, Les Loges de Raphaël, par divers.

64 Feuilles, Principes de dessin, par Lemire.

524 F. id. par Julien, Chatillon, Vallée et Brunard.

315 F. Etudes d'arbres. par Coignet et Bertin.

53 F. Arbres entiers, par les mêmes.

1 Cahier de douze études de paysage, par Milbert.

9 Cahiers de douze F. premiers éléments du dessin par Leborne.

1 Cahier de vingt F. Etudes de figures d'animaux par, V. Adam.

595 Diverses études de paysages, par Hubert Villeneuve, Jaccottet, Rémond, etc.

194 Id. plus petits, par Jaccottet, Coignet, etc.

87 Diverses F. de croquis et petits sujets, par Adam, etc.

58 Id. en couleur.

102 Divers croquis, par Adam, Bruyères, etc.

115 Petits sujets croquis, par Dévéria.

149 Id. plus petits.

75 Id. plus petits encore.

40 Costumes, par Dévéria.

18 Id. en couleur.

44 Costumes militaires et autres, par Raffet, Gavarni, Menut, etc.

11 Cahiers, Costumes alsaciens et badois, par Emrich.

90 Costumes militaires et autres, par Bélangé et Hippolyte-Lecomte, en couleur.

74 Id. par V. Adam et Finart.

110 Costumes militaires, par Loeillot et autres, en couleur.

109 Uniforme de l'armée turque, par Robert. En couleur.

1 Recueil complet de 120 costumes de la Bretagne, par Charpentier fils. En couleur.

129 Chefs-lieux, Vues de France et bords de la Seine, par Deroy, Sabatier et autres.

24 Vues de la Seine, sur Chine, par Bichebois et Sabatier.

7 Livraisons de 4 feuilles Voyage pittoresque dans Lyon etc., par Deroy, Joli, Arnoût, Bichebois, etc.

15 Portraits de la Galerie contemporaine, par Maurin.

10 Portraits de femmes, par Gigoux.

6 Idem. En couleur.

50 Feuilles. Histoire de la Révolution, par V. Adam.

20 Journées de juillet 1830, par V. Adam.

4 Plans des Barricades.

1 Exemplaire complet des Journées de juillet, relié.

240 Petites têtes d'après Raphaël, dessinées par Girodet et lithographiées par divers artistes.

92 Vues d'Italie, d'après Michallon, par divers artistes.

6. Livraisons de 4 feuilles, Vieux châteaux d'Allemagne, d'après Maximilien Ring.

5 Livraisons de 5 feuilles, Un mois à Venise d'après Forbin, par divers artistes.

15 Livraisons de 5 feuilles, Voyage dans le Brésil, par Maurice Rugendas.

11 Idem. Sur Chine.

37 Feuilles, Voyage historique et militaire en Espagne d'après Langlois, par divers.

15 Voyage de l'Arabie Pétrée, par Léon De Laborde et Linant.

10 Sujets d'après les Chansons de Béranger, par Henri Monier

2 La Vie de château, par Eugène Lami. En couleur.

41 Petites grisettes, par Henri Monier. En couleur.

10 Habitation des hommes célèbres, par Champin.

5 Itinéraire du quartier général pendant la campagne de 1823 en Espagne.

5 Cahiers de 6 feuilles, Portefeuille lithographique par Jacob.

580 Petits portraits contemporains, (de Delpech).

13 Feuilles de l'Album du Berry, par Hazé.

19 Feuilles, Souvenirs de Nice, par Scheffer.

15 Idem. Sur Chine.

5 Livraisons de trois feuilles. Musée royal de La Haye.

1 Id. incomplette.

38 Étrennes Dramatiques, par Rulmann.

4 Id. sur Chine.

2 Fastes de la Garde Nationale, par une Société de gens de lettres.

9 Abrégé Élémentaire du Dessin, publié par Chavant.

1 Grammatographie du neuvième siècle, par Jorand.

31 Feuilles, Costumes Suisses par divers artistes.

4 Cahiers, Tableaux de la société des Amis des Arts.

1 Cahier de texte dudit ouvrage.

1 Cahier, l'Aquarelle ou les Fleurs peintes, d'après Redouté, par Paschal.

31 Feuilles, Souvenirs des Costumes de la grande Armée, par V. Adam.

4 Id. En couleur.

12 Feuilles, Chevaux, par V. Adam, pap. de couleur.

1 Cahier, Bains de Saint-Gervais, en Savoye.

1 Album russe, par Orlowski.

1 *Le même*, en couleur.

42 Feuilles, collection de Costumes de Théâtres, par Colin.

193 Divers Souvenirs carlistes (*Fonrouge*).

2 Cahiers de quatre Feuilles, Voyage dans le département de la Sarthe, par Saint Elme Champ.

1 Cahier de six feuilles, Études de Chien.

1 Première livraison, Jugement Dernier, par Guillemot d'après Michel-Ange.

13 Feuilles, Ornements, par Romagnesi.

17 Portrait du duc d'Orléans, par Mauzaisse.

45 *Les mêmes*, sur Chine.

40 Portraits d'Actrices, par Grévedon.

93 *Les mêmes*, sur Chine.

23 Portraits des Contemporains, par Mauzaisse et Grévedon.

20 *Les mêmes*, sur Chine.

227 Divers Portraits de Généraux, et autres, par divers

1013 Grands Portraits de Généraux Français, par Trolli, Grévedon, Albrier, Dubois, etc.

780 *Des mêmes*, sur Chine.

496 Divers Portraits, par divers.
83 *Des mêmes*, sur Chine.
54 Portraits Engelo Doni et Magdelena Doni.
38 *Des mêmes*, sur Chine.
160 Divers petits Portraits.
62 *Des mêmes*, en couleur.
215 Marines, par Gudin.
71 *Des mêmes*, sur Chine.
164 Paysages, par Villeneuve, faisant suite aux Marines de Gudin.
31 *Les mêmes*, sur Chine.
76 Cahiers de six intérieurs du Colysée, par Bouton.
14 *Des mêmes*, sur Chine.
131 Feuilles séparées dudit ouvrage.
14 *Des mêmes*, sur Chine.
897 Diverses têtes d'études par Châtillon.
138 Diverses Académies, par *le même*.
9 Exemplaires complets des environs de Paris, par Tirpenne et Monthelier, sur papier blanc.
4 *Des mêmes*, sur Chine.
1077 Epreuves séparées dudit ouvrage.
486 *Des mêmes*, sur Chine.
814 Sites historiques, par Vanderburch.
60 *Des mêmes*, en couleur.
628 Vues d'Angleterre, sites remarquables et Vues de France, par divers.
29 *Des mêmes*, en couleurs
160 Epreuves, choix de Paysages d'après Michallon, Enfantin et Hubert, par Vanderburch, Leborne, Caminade, etc.
66 *Des mêmes*, Chine.
533 Feuilles de croquis, par Kæppelin.
64 *Des mêmes*, en couleur.
1 Cahier. Combat de Taureau, par V. Adam.
8 Petits chevaux Anglais, par François Adam.

1 Serment du jeu de Paume.

3 Vues de Berlin.

3 Le Joueur ruiné, par Vigneron.

2 Apothéose du général Foy.

1 Lithographie Anglaise, H. Holt.

4 Sujets, histoire de Richard-Cœur-de-Lion, par Léon Noël.

40 Feuilles Ornements, par Boullemier,

2 Acrostiches de Henri IV.

2 Feuilles hiéroglyphes egyptiens.

---

240 Fragments d'Apothéose, par Chrétien, d'après Girodet, pour faire suite aux Académies, d'après Canova.

ACADÉMIES

D'APRÈS LES PLUS BELLES STATUES DE CANOVA,

PAR CHRÉTIEN DE VALMON, THIL, etc., DONT LE DÉTAIL SUIT :

N. 1 Vénus. 15 épreuves.

N. 2 Les Trois Grâces 511 épreuves.

N. 3 Persée. 373 épreuves.

N. 4 L'Amour et Psyché. 500 épreuves

N. 5 Une Danseuse. 164 épr.

N. 6 Une Nymphe. 211 épreuves.

N. 7 Creugas. 276 épreuves.

N. 8 Saint Jean. 90 épreuves.

N. 9 Groupe de la Bienfaisance. 115 épreuves.

N. 11 Terpsichore. 166 épreuves.

N. 111 Pâris. 212 épreuves.

N. 12 Estherasy, 261 épreuves.

N. 13 Thésée. 385 épreuves.

N. 14 Polymnie. 240 épreuves.

N. 15 Mars et Vénus. 461 épreuves.

N. 16 Vénus et Adonis. 188 épreuves.

N. 17 Hercule et Lycas. 212 épreuves.

N. 18 Damoxène. 349 épreuves.

N. 19 Hébé. 174 épreuves.

N. 20 L'Amour ranimant Psyché. 299 épreuves.

N. 21 Le Conquérant. 274 épreuves.

On tentera la vente de cet ouvrage en entier, y compris le précédent. Toutes les 22 pierres ont été effacées depuis bien longtemps. Si la mise à prix qui sera très modique n'est pas couverte on le vendra en détai .

---

162 Grandes têtes d'études, par Pornay et Trolli.

623 Têtes d'études, par Pornay, Trolli, Albrier et autres.

161 Petites académies d'après Canova . par Trolli.

32 Cahiers, Études de paysages, par Boisseau.

5 Feuilles diverses des mêmes études.

222 Têtes d'études et Groupes académiques, par Négelen d'après Fragonard.

145 Têtes, Eudore, Aglaure et Anaïs, par Gilbert.

120 La Tombe oubliée, Phaon et Sapho et pendant.

8 Cahiers, Intérieurs, par J. David.

108 *Les mêmes*. Sur Chine.

382 Feuilles des mêmes intérieurs, papier blanc.

58 *Les mêmes*. Sur chine.

4 Portraits. Les jeunes fiancés, Suite de portraits et de costumes de tous les pays d'après nature, par Llanta.

4 *Les mêmes*. En couleur.

1 Cahier contenant 4 portraits de femme, par Legrand.

1770 Grisettes au trait, par Scheffer.

520 *Les mêmes*. En couleur

58 La Leçon de danse et la Leçon d'escrime. En noir.

445 *Les mêmes* et Costumes d'acteurs du théâtre anglais. En couleur.

13 Exemplaires de 12 vues d'Italie chaque, par Vanderburch.

6 Exemplaires sur Chine du même ouvrage.

6 Premières livraisons, sur Chine, du même ouvrage.

117 Feuilles dépareillées du même ouvrage.

3 *Les mêmes*. Sur Chine.

21 Cahiers, Choix de vues pittoresques des six palais de Paris, par J. David.

8 Cahiers sur Chine du même ouvrage.

114 Feuilles dépareillées du même ouvrage.

90 Cahiers de 12 croquis de paysages, Fac simile par Boisseau d'après Harley.

115 Feuilles, Études d'animaux, par mademoiselle Laure Ducaurroy.

273 Feuilles. Etudes de chevaux, par Volmar.

315 Feuilles. Groupes d'animaux, par Leborne.

302 Feuilles. Etudes de marine, par Jaime.

54 Feuilles. Fragments de paysages, par Tirpenne et

154 Feuilles. *Les mêmes*. En couleur.

217 Feuilles de paysages, par Tirpenne.

380 Feuilles de paysages d'après nature.

138 Feuilles de paysages variés.

168 Feuilles, Intérieurs, par Vitasse et Thénot.

184 F. études de paysages, par Vanderburch.

11 Cahiers d'intérieurs, par Bouton. (1833)

4 Cahiers sur Chine du même ouvrage.

69 Cahiers de six intérieurs, par Bouton. (1837)

9 Cahiers en couleur du même ouvrage.

4 Cahiers d'après Géricault, par Volmar.

2 Exemplaires de vingt-quatre têtes : le Vocabulaire des dames, par H. Grévedon.

7 Têtes dépareillées, en noir, du même ouvrage.

4 *Les mêmes* en couleur.

5 Têtes, la Sainte-Famille, par Grévedon.

6 Têtes, Héloïse, Abeilard, Laure, Pétrarque, par Grévedon.

8 Têtes : les Quatre parties du Monde, par Grévedon.

14 Têtes : les Quatre parties du jour, par Grévedon.

1 Cahier : les Quatre Saisons, par Grévedon.

71 Têtes mosaïques de costumes ou Alphabet étranger, par Grévedon.

58 Têtes, le Miroir des dames ou nouvel Alphabet français, par Grévedon.

11 Portraits d'enfants, par Grévedon.

1 Cahier Têtes : Artisannes, Grisettes, jeunes Filles et Dame, par le même.

2 Cahiers : Impératrices et Reines, par Grévedon.

13 Têtes dépareillées du même ouvrage.

2 Cahier : le Bouquet, par Grévedon.

5 Têtes dépareillées du même ouvrage.

3 Têtes : les Héroïnes, par Grévedon.

157 Têtes, Alphabet des dames, par Grévedon.

92 *Les mêmes* sur Chine.

32 *Les mêmes* en couleur.

14 Divers têtes, par Grévedon.

17 Id. par Dévéria.

18 Id. par divers, en couleur.

200 Feuilles environ de fouillis.

OUVRAGES EN RECUEIL.

4 Cahiers, choix de Maisons et Edifices de Paris, par Tiollet.

8 Livraisons, petites gravures de l'Enéide de Virgile sans noms d'auteurs.

7 Cahiers, Bade et ses Environs, par Frommel.

2 Livraisons (1re et 40ème) Monuments français, par Villemain.

1 Livraison (la 4ème), Monuments funéraires, par Lenormand fils.

29 Feuilles dépareillées, Décorations d'intérieur, par Chenavard.

17 Feuilles dépareillées, Vues de Paris, d'après Gavard, par divers (aquatintes).

61 Feuilles dépareillées, Vues des principaux Monuments de Paris (Aquatintes), publiées par Tassaert.

53 Feuilles dépareillées, cours de Paysage, par Himly (aquatintes).

55 *Les mêmes*, moins importantes.

40 Diverses Livraisons sans suite, chefs-d'œuvre de l'école française par divers, publiés par Audot.

26 Feuilles diverses du même ouvrage (tableaux).

31 Feuilles diverses du même ouvrage (Sculpture).

14 Livraisons dépareillées du concours Decennal, lettre grise.

13 Livraisons dépareillées du Músée royal de France, publiées par Filhol.

10 Cahiers, le chevalier de Rhodes, lithographies au trait d'après les dessins de Retzsch.

1 Volume d'échantillons des Lithographies du fonds.

25 Cahiers, principaux Monuments de Paris, par Durand.

1 Le capitaine Lascar ou les corsaires, gravé par Beaugean.

4 Cahiers, promenades de Paris ou collection des Vues et des jardins publics par Schwartz.

2 Cahiers de 24 Vues de la Seine, de la Marne et de l'Oise, par Beaugean.

9 Livraisons, œuvres de Canova et de Jean Goujon, par Réveil.

81 Livraisons, Musée de peinture et de sculpture, par Réveil.

1 Cahier, l'Odyssée d'Homère, par Réveil.

10 Livraisons, chansons de Béranger (Beaudoin frères).

17 Livraisons, Vie politique et militaire de Napoléon, par Arnault.

14 Exemplaires, Voyage dans la basse et la haute Égypte, par Vivant Denon.

1 Exemplaire du même ouvrage relié.

12 Livraisons séparées dudit ouvrage.

67 Livraisons. Voyage Pittoresque de Naples et de Sicile, par R. de Saint-Non.

1 Exemplaire complet du dit ouvrage relié.

8 Livraisons. Voyage Pittoresque du nord de l'Italie, par Brunn, gravé par Dubucourt.

4 Cahiers, suite de différents Sujets gravés à l'eau forte, par Grimm.

8 Cahiers. Vues choisies d'Amsterdam et de ses environs.

1 Exemplaire relié du même ouvrage.

2 Livraisons, galerie de Sculpture, de l'École Française.

8 Petits Cahiers. Suite de six Sujets militaires, gravés à l'eau forte.

24 Cahiers. Recueil de Décorations d'intérieur, par Lenormand, et autres.

1 Cahier. Recueil de Meubles, par le même.

12 Cahiers. Recueil d'Orfévrerie, par le même.

3 Volumes. Cérémonies des Gages de Bataille, selon l'ordonnance de Philippe-le-Bel.

1 Vol. Description et Vues de Lyon, par Jolimont.

1 Vol. Les Mausolés français, par le même.

2 Vol. de soixante feuilles chaque, des Passe-temps, par V. Adam.

1 Vol. Recueil de Trophées, par Pécheux.

2 *Le même* en couleur.

1 Vol. Ornements et Arabesques, par le même.

1 *Les mêmes* en couleur.

1 Vol. des quatre premiers cahiers d'Études de Paysages, par Boisseau.

1 I vol. Galerie des Saints, publié par Perrot.

1 Vol. Les Eaux des Pyrénées, par Tirpenne et Monthelier.

2 Vol. Galerie des Célébrités contemporaines.

2 Vol. Costumes pittoresques de différents pays, par Lassalle, en couleur.

1 Vol. Le même ouvrage en un volume.

1 Vol. Vases et Croquis chinois, par Lassalle, en couleur.

1 Vol. Les Mille et un Croquis, par Lassalle, en couleur.

1 Vol. *Les mêmes* en noir.

1 Vol. d'Échantillons : Animaux, Marines, etc.

1 Vol. *Les mêmes*.

1 Vol. Rencontres parisiennes, par Henri Monier, en couleur.

1 Alphabet gothique, tiré des Manuscrits de la Bibliothèque Royale.

1 Vol. d'Échantillons de quarante-cinq feuilles demi-Jésus.

20 Petits cahiers. Monuments, Maisons, Ornements d'Italie.

2 Cahiers Essais à l'eau forte, par Jolivard.

2 Cahiers. Traité de perspective, par Mlle Le Breton.

2 id. id. (Italien).

2 id. id.

1 Cahier, Œuvres de Flaxman.

2 Cahiers. Sujets tirés des tragédies de Sophocle, par Giacomelli.

1 Cahier. Collection de Mammifères en couleur, par Huet.

18 Liv. Colonne de la Grande Armée, par Tardieu.

5 Exemplaires, Galerie de Saint-Bruno, par Villerey.

2 Albums de la Jeunesse, par Duplessis et Bertaux.

1 Tableau itinéraire de l'Europe, par Collin.

4 Vol. Lettres sur la miniature, par Mansion.

4 Cahiers d'écriture.

3 Volumes itinéraires du fleuve Hudson (texte).

1 Campagnes mémorables des Français, par Rouillon-Petit, deux forts vol. in-folio, cartonnés.

3 Œuvres de Boissieu.

1 Napoléon et ses contemporains, Vignettes publiées par Chambure. 1 fort vol. in-4o.

2 Anacréon, par Girodet, gravé au au trait par Châtillon, 1 vol. in-4°.

3 Livr. dépareillées, Sapho, Bion et Moschus, par les mêmes.

37 Feuilles détachées de ces deux ouvrages.

97 Livraisons dépareillées, choix des plus belles fleurs par Redouté, en couleur.

2 Livraisons dépareillées, les Roses, par le même, en couleur.

1 *Opera ornamentale* de Giuseppa Borsato, 1 vol. in-folio.

1 Souvenirs de Paris, le texte seulement.

1 Voyage dans la régence d'Alger, publié par Motte.

2 Exemplaires, suite d'Etudes d'après les cinq tableaux de Raphael, par Bonemaison, gravées par Bertrand, Girard et autres.

1 Le même ouvrage, avant la lettre.

66 Têtes séparées du même ouvrage.

76 Traits des tableaux du même ouvrage.

1 Rabelais, cahier de douze vignettes avant la lettre sur Chine.

1 Volume de principes de dessin et de croquis.

1 Exemplaire, Voyages en Sicile, en couleur (Osterwald).

1 Exemplaire, Excursion sur les côtes et dans les ports de la Normandie (Osterwald).

1 *Le même* en couleur.

1 Exemplaire, nouveau Voyage pittoresque de la France en soixante livraisons avec texte d'après divers artistes, par Baugean (Osterwald).

429 Epreuves séparées de la galerie du Luxembourg.

28 *Les mêmes* sur Chine.

3 Collections de quarante-huit Feuilles de Fleurs et de fruits d'après nature, par Jean-Louis Prévost.

1 *Les mêmes* en couleur.

11 Epreuves séparées du même ouvrage en noir.

67 *Les mêmes* en couleur.

18 Livraisons, musée royal de sculpture antique et moderne, par le comte de Clarac.

39 Livraisons, galerie historique de Versailles (Gavard).

17 Livraisons, musée historique de Versailles. (Furne)

14 Livraisons des mêmes avant la lettre sur Chine (Furne).

90 Epreuves séparées de la galerie du Palais-Royal.

1 Exemplaire. Histoire du Palais-Royal.

45 Livraisons dépareillées de la galerie des peintres. (*Chabert*).

7 Divers portraits de la même galerie.

9 Dessins divers de la même galerie.

7 Cahiers. Souvenirs des armées françaises, suite de huit batailles par V. Adam, Bichebois et autres. Sur Chine.

131 Epreuves séparées du même ouvrage, papier blanc.

4 Livraisons. Voyage à Athènes et à Constantinople, par Dupré.

44 Epreuves séparées du même ouvrage.

8 Livraisons. Vues choisies des Monuments antiques de Rome, par Alaux et Lesueur.

4 Cahiers. Descriptions du château de Chambord, par

1 Cahier sur papier de couleur du même ouvrage.

1 Exemplaires, œuvres complètes de Géricault.

MEUBLES ET USTENSILES.

Environ 50 portefeuilles grand-monde, grand-aigle, colombier et de autres différents formats.

2 à 3 milliers de cartons de pâte de différents formats.

Comptoirs, table à mettre en presse et autres, casiers et rayons en chêne et en sapin, deux grandes glaces, échelles, cisailles et autres outils, etc., etc., etc.

FIN.

www.ingramcontent.com/pod-product-compliance
Ingram Content Group UK Ltd.
Pitfield, Milton Keynes, MK11 3LW, UK
UKHW031938260826
14628UKWH00004B/1709

9 782014 020229